성경과 나의 생애

성경과 나의 생애

1판 1쇄 1992년 10월 1일
1판 10쇄 2011년 5월 2일
2판 1쇄 2015년 3월 31일 발행

지은이 박윤선
펴낸이 안만수
발행처 도서출판 영음사
주소 경기도 수원시 권선구 경수대로369번길 20, 연안빌딩 4, 5층
전화 031) 233-1401, 1402
팩스 031) 233-1409
전자우편 biblecomen@daum.net
등록 2011. 3. 1. 제251-2011-14호

이 도서의 국립중앙도서관 출판시도서목록(CIP)은 서지정보유통지원시스템 홈페이지(http://seoji.nl.go.kr)와 국가자료공동목록시스템(http://www.nl.go.kr/kolisnet)에서 이용하실 수 있습니다.(CIP제어번호: CIP2015008937)

ISBN 978-89-7304-108-4 (03230)
값은 뒤표지에 있습니다.

성경과 나의 생애

말씀과 기도에 사로잡힌 신학자

박윤선 자서전

도서출판
영음사

머리말

"박윤선 목사님의 자서전은 안 나옵니까?" 많은 분들로부터 이런 질문을 받았을 때마다 우리는 다음과 같이 답변할 수밖에 없었습니다. "박 목사님께서 자서전을 안 쓰시니 원고가 없지 않습니까."

언젠가 두어 번 기회를 타서 박 목사님에게 "자서전은 안 쓰세요? 기다리는 분들이 많은 것 같아요." 질문 반 요청 반 걸친 말로 은근히 여쭈어 보기도 하였습니다.

어느 날, "어디 좀 정리해 볼 수 있겠나." 하시면서 얄팍한 원고 뭉치를 넘겨주셨습니다. "성경과 나의 생애." 드디어 쓰셨구나 생각하면서 받아 보았더니, 그것은 1979년(75세)까지의 생애를 아주 간략하게 담은 글이었습니다.

1987년 4월 27일, 박 목사님의 "성역 50년"을 기념하여 남서울교회 예배당에서 감사예배를 드렸는데, 예배 후에 기념 논총인 『경건과 학문』을 받으신 박 목사님은 진솔한 두어 마디로 답사를 대신하셨습니다. "나는 83년 묵은 죄인입니다. 내가 무엇을 이룬 것이 있다면 그것은 모두 주님이 하신 것입니다."

이 일이 있은 지 며칠 후 박 목사님의 말씀이, "이제는 천국에 갈 일만 남았구나." 하셨는데, 이듬해 6월에 그는 주님의 부르심을 받았습니다.

박 목사님이 주님의 나라로 가신 지 만 4년, 간략하나마 그의 자서전을 펴내면서, 여기에 그의 유고 중 그의 사상과 신학이 요점적으로 나타난 글 몇 편과 방지일 목사님의 글인 "우리에게 있는 나다나엘"을 실음으로 박 목사님의 신앙의 발자취가 좀 더 명료하게 드러나도록 하였습니다.

박 목사님은 생전에 종종 말씀하시기를, "내가 죽었다 깨어나 다시 한세상을 산다 해도, 나는 목사가 되어 성경을 증거하겠다"고 하셨습니다. 이 말과 같이 그는 성경을 사랑하고, 성경을 확신하고, 성경을 연구하고 묵상하고, 성경의 본뜻을 바로 전달하려는 일념으로 성경을 주석하고, 성경을 설교하고, 성경 말씀대로 살려고 애쓰시며, 가르치는 일에 혼신의 힘을 기울이다 가셨습니다.

오로지 “기도일관”, “진실노력”의 삶과 마지막 순간까지 “침묵정진”으로 주님만을 높인 정암 박윤선 목사님의 자서전을 펴내면서, 한국 교회에 귀한 종을 세워 주셨던 하나님께 감사와 영광을 돌리는 바입니다.

1992년 6월 30일

편 집 부

2판을 발행하면서

1992년 초판 1쇄 발행 후 독자들의 사랑으로 10쇄까지 발행할 수 있었고 이제 새로운 요구에 따라 금번에는 이전의 큰 틀은 유지하되 새로운 판형으로 바꾸어 출간하게 되었습니다.

초판에서는 박 목사님의 유고가 자서전 중간 중간 들어 있었지만 2판에서는 완전히 따로 분리시켰습니다. 그뿐 아니라 여러 삽화들도 관련되는 곳에 삽입하였습니다. 초판에는 박 목사님의 생애가 성경주석이 완간되었던 해인 1979년까지만 서술되었으나, 이번에는 합동신학교 졸업식 훈사와 그리고 관련 화보들을 함께 묶어 합동신학교 시절의 간단한 면모도 소개하고 있습니다.

그리고 "우리에게 있는 나다나엘"(고 방지일 목사의 글)이라는 글은 제4부로 따로 떼어 자리를 마련했고, 이전의 여러 유고들은 따로 부록으로 묶었습니다. 이 자서전이 박윤선 목사님을 바로 이해하고 그의 신앙을 배우는 데 계속 유용하게 쓰이기를 빕니다.

2015년 2월

편집부

증거의 삶

우리의 스승이요, 주님의 진리를 가르쳐 주시던
정암 박윤선 목사님, 그가 하나님 나라로 가신 지
어언 4년이 흘렀습니다.

오로지 성경 말씀만을 사랑하시어
그 말씀을 풀어 가르치기에 지칠 줄을 모르시던
우리의 영적 아버지,

"죽었다 깨어나 다시 한세상을 산다 해도,
나는 목사가 되어 성경을 증거하겠노라"
소원하시던 그의 열망을 새겨봅니다.

생전에, 모든 신자들로 성경을 바로 깨닫고
신앙생활을 참되이 하도록 도와주시고자,
그 손에 잡은 붓을 놓지 않으셨지요.

우리가 가지 못하는 먼 곳에도 책은 가고
길이길이 후손에게도 글은 말한다고,
기쁨과 뜨거움으로 세월을 아끼시던 그의 삶.

진리에 입각한 선하고 간절한 그 소원의 열매,
성경주석이 오늘도 말씀을 사모하는 뭇 영혼에
밝음과 힘을 줍니다.

차례

|제3부| 교수와 저술

내가 좋아하는 성구

> 그러므로 내일 일을 위하여 염려하지 말라 내일 일은 내일이 염려할 것이요 한 날 괴로움은 그 날로 족하니라 (마 6:34).

나는 이 말씀을 좋아한다. 언제나 '부족한 나'라고 생각되어 하나님만 의지하고 나아가다가도 믿음이 약하여 때로 염려가 생기기도 한다. 그런 때에는 전심으로 기도를 힘쓴다. 나는 하나님께 나의 염려 건을 의탁하면서, '주여! 나는 내일 일을 모릅니다. 내일을 주님께 맡기나이다. 나는 이 시간에 기도할 따름입니다'라고 부르짖은 후에 평안을 얻은 체험이 여러 번 있다.

나는 하루하루의 시간을 그 어느 시점에서든지 기회 관념으로 취급하고 그 기회를 바로 사용하고자 노력해 왔다. 다시 말하면, 나는 그 시간 그 시간에 내가 해야 할 일을 하려고 힘썼다. 그것은 물론 성경 주석을 저술하는 나의 사명과 관계된 일을 하려는 것이었다. 예를 들면, 여행 중에 자동차를 타거나 기차를 타거나 배를 타거나 비행기를 타거나 그 안에서도 나의 할 일을 쉬지 않고 계속한 것이다. 즉, 나는 그러한 시간들을 성경 연구와 기도하는 기회로 붙잡기도 하였다. 나에게는 기도가 무엇보다 중요한 일이기 때문에 어디서나 부담 없이 할 수 있었다.

내가 이렇게 힘써 온 이유는, '내일'이란 시간을 내 것이라고 보장할 수 없었기 때문이다. '내일'이란 시간은 하나님의 것이다. 따라서 '오늘이 내 생애의 마지막 날'이라고 생각하고 최선을 다하여 나의 할 일을 하려고 노력해 보기도 하였다.

"내가 좋아하는 성구" 중에서

제1부 한국교회와의 만남

평양 장로회신학교 졸업기념, 1934년

우리는 우리의 이성(理性)이나 다른 어떠한 방법으로도 하나님을 알 수 없다는 사실을 알아야 하며, 다만 하나님께서 보내신 예수 그리스도를 믿음으로만 하나님을 알게 된다는 것을 인정해야 한다. 그야말로 믿음으로 믿음에 이르는 원리이다. 어디까지나 믿음으로 관철해 나아가는 것만이 하나님을 아는 길이며, 하나님을 남에게 알려주는 유일한 방법이다.

우리는 하나님을 알기 위하여 하늘을 쳐다볼 필요가 없다. 우리 신자들 가운데 어떤 사람이 아직도 믿지 않을 때의 습성을 버리지 못하고 막연하게 하나님을 부른다면, 그것은 저 높은 창공, 한 없이 멀리 있는 어떤 신을 생각하는 것이니, 그것은 인간의 사색적인 신관(神觀)이다. 혹은 철학적인 신관이라고 해도 무방할 것이다. 물론 이 같은 사색 행위는 참 신을 찾는 것은 아니다.

성경에 지혜가 많으면 번뇌도 많다고 하였다(전 1:18). 우리는 이것을 체험하고 있다. 인간의 지혜는 발달하면 할수록 거기에 비례하여 무지의 세계가 더 넓어진다는 사실은 우리가 다 아는 상식이다. 즉, 지식을 원(圓)으로 비유한다면 그 원이 커짐에 따라 원주(圓周)가 접하는 원주 밖의 세계도 비례적으로 넓어짐과 같은 이치이다. 이같이 제한된 인간의 지식으로써는 하나님을 알 길이 전혀 없다. 이 사실은 성경이 우리에게 가르치는 바이다(참조. 고전 1:21).

누가 만일 이 세상의 모든 나라에 있는 도서관들을 다 돌아다니면서 성경 이외의 다른 책들을 모두 다 읽는다 해도 그 사람에게서 하나님을 아는 지식은 기대할 수 없다. 그러므로 인간이 먼저 해야 할 일은, 그가 하나님을 모르게 된 원인을 해결하는 것이다. 인간이 하나님을 모르게 된 원인은 죄 때문이다. 인간은 유무식(有無識)에 관계없이 그 누구든지 성경 말씀을 통하여 자기의 죄를 깨닫고 참되이 회개하는 그때에 비로소 하나님을 알게 된다.

"하나님은 어떤 분이신가"에서

1 신성중학교 시절까지

1905—1927

한학 수학

나의 출생 연도는 1905년이니, 19세기 말 우리나라에 들어온 초기 선교 운동을 나는 보지 못하였다. 나는 평북 철산군 백량면 장평동에서 가난한 농가의 2남 3녀 중 둘째 아들로 태어났다. 아홉 살 때부터 서당에서 한학(漢學)을 배우기 시작하여 사서(논어, 맹자, 중용, 대학) 오경(시경, 서경, 주역, 예기, 춘추)을 다 마쳤고, 예기와 주역 외에 사서삼경(四書三經)은 암송할 정도로 통달하였으며, 논어와 맹자는 그 주해(註解)까지 다 외웠다. 저녁마다 벽을 향해 돌아앉아서 암송하곤 했던 것이 기억난다.

부친은 근면한 농부로서 가난한 살림을 꾸려가셨다. 그가 검은 소 한 마리를 10여 년 동안 키우면서 계속 송아지를 받아 키워 조금씩 저축하시던 것을 보았다.

형님은 부친과 함께 농업에 종사하면서 겨울에는 동리 사람들과 어울려 노름을 즐겼다. 그가 종종 밤늦게 집으로 돌아왔으므로 부친은 그때마다 매우 걱정하셨다. 그러나 놀랍게도 그는 30대가 넘기 전에 노름을 완전히 끊었으며, 불신자이면서도 술을 마시지 않고 깨끗이 사는 청년이 되었다. 그는 후에 주님을 영접하여 독실한 신자로서 평생 주님의 교회를 신실히 봉사하였다.

나는 서당에 다니는 동안 여름에는 집에서 키우는 소를 맡아 먹였다. 서당에서 집으로 돌아오면 즉시 산야로 가서 거기에 매어둔 소를 풀어 고삐를 잡고 초장을 찾아다니면서 소에게 풀을 먹였다. 그리고 여름 방학 때에는 바다로 나아가 낙지나 망둥이를 잡아서 팔기도 하였고, 집에서 반찬으로 먹기도 하였다. 한학을 배우는 동안 계속 최우등으로 인정되어 선생님의 칭찬을 많이 받았다. 특별히 작문(주로 漢文詩를 지었음)에 있어서 언제나 1등을 차지하였던 것으로 기억된다.

교회 출석 시작

우리 집은 유교 가풍이었고 우리 마을에는 예배당도 없었는데, 어떻게 해서인지 나는 스스로 동문동에 있는 교회를 찾아가게 되었다. 이때의 나의 나이는 17세였고, 한국 선교가 시작된 지 39년 후이다. 아직 믿음이 무엇인지도 모르고 시오 리(약 6km) 밖에 있는 예배당에 주일마다 걸어서 갔다. 그때 동문교회의 설교자는 그 교회의 장로였고, 나는 설교를 듣고도 깨닫지는 못하면서 계속 다녔다. 아마도 인생의 공허감 때문에 신앙을 가져 보려는 행위였다고 생각된다. 다만 그 교회에서 받은 인상 중에 지금도 남아 있는 것은, 예배시에 남녀 좌석을 막아 놓은 휘장과 한 달에 한 번 정도 주일 예배시에 만났던 목사님의 모습이다. 그 당시에는 교역자 한 사람이 농촌 교회 서너 곳을 순회하면서 예배 인도를 하는 실정이었다.

대동학교 시절

나는 18세 된 봄에 신학문(新學問)을 배우기 위해 팔십 리 길(32km)을 걸어서 선천군 군산면 장공동에 있는 대동소학교(현 초등학교)를 찾아가 6학년에 편입하였다.

이 학교는 그 동리의 부자요 기독교 신자였던 김도순 씨가 세웠다. 그의 자제도 이 학교의 교사였는데, 그가 우리 동네로 장가를 들게 되어 그의 권유로 내가 대동학교를 찾게 된 것이다.

집을 떠날 때에 부친께서는 보리를 팔아서 70원을 마련하여 내게 주신 것 외에 더 이상 도움을 주실 수 없었다.

학교에서는 아침마다 경건회 시간이 있었고, 주일에는 교실에서 예배하였다. 학교의 선생님들이 주일학교 반사로 봉사하였다. 나는 선생님의 설교를 열심히 들었으나 아직은 깨달음이 없었다. 모든 학생들이 예배 시간과 성경 공부 시간에 다 같이 참석하였는데, 나는 진리를 알지 못한 채 앉아 있었다.

나의 경험으로 보아 진리를 잘 깨닫지 못하면서도 교회에 출입하는 형제들을 동정하게 되고, 그들에 대하여 오래 참아 기다리며 성경을 깨달을 수 있도록 계속 가르치는 것이 옳다고 생각한다. 신앙은 하나님의 선물이며, 하나님께서 그것을 주시는 때가 있음을 알고 우리는 남들의 신앙에 대하여 너무 조급하게 기대하지 말아야 한다.

대동학교 시절의 일 가운데 지금도 기억나는 것들이 있다. 그때는 3.1 만세 사건이 있은 지 얼마 되지 않은 때인 만큼 일본 경찰이 종종 학교에 찾아 와서 선생님들의 사상을 조사하였고, 경찰이 올 때엔 선생님들이 어떤 문서들을 감추던 모습들이 지금도 눈에 선하다.

그리고 선생님들 가운데 지금도 기억나는 세 분이 있으니, 그 중 김인현, 김경두 두 선생님은 기미년 만세 때 일본 경찰에 체포되어 옥고를 치른 분들인데, 그들은 매우 인자하였다. 이 두 선생님은 후에 평양신학을 졸업하고 목사가 되셨다.

그때의 교장이었던 김의홍 선생님은 후에 일제의 신사참배를 반대하고 수난 성도들의 대열에 참여하셨다.

겨울 방학 때에 나는 부모님이 정해 주신 규수와 결혼했는데, 그의 얼굴도 보지 못하고 그저 순종한 것이다. 이때 나는 18세였고 신부는 15세였으며, 그의 성명은 김애련이었다. 아내는 학력이 전혀 없었으며 한글을 아는 정도였고, 농촌 여성으로서 매우 수줍어하였다. 그가 본의는 아니었겠지만 나를 피하려는 태도를 많이 보였으므로 결혼 초에는 내가 아내의 얼굴을 자세히 볼 수도 없었다. 그러나 그 중심은 내가 자기의 남편이란 것을 부끄러워하는 것은 아니었다.

나는 대동학교에서 1년 동안에 소학교 6년 과정을 모두 마치고 최우등으로 졸업하였다. 그 일 년 동안에 수학과 일본어를 자습하여 통달하였고, 다른 과목들도 역시 거의 그렇게 하였으니, 이 사실은 지금도 꿈과 같이 생각된다. 근 10년 동안 한문만 읽다가 새로운 학문 세계에서 짧은 기간에 그 학과들을 모두 통달한 것은 비상한 노력에 의한 것이라고 생각할 수밖에 없다.

이같이 배움의 방향을 바꾸어 새로운 지식을 접하게 되니, 과거 근 10년 동안 한학을 배운 것이 헛수고였는가 하는 생각이 들기도 하였다. 그리고 후에 미국에 가서 신학(神學)을 마치고 보니, 과거에 배운 동양 철학이 기독교와 반대된다는 사실과 기독교 신학이 얼마나 놀라운가 하는 것을 실감하게 되었다.

신성중학교 시절

대동소학교를 졸업하고 평북 정주에 있는 오산중학교 2학년에 편입하였다. 거기서 한 학기를 공부했는데 학기 말쯤에 이구하 교장을 배척하는 데모가 일어났다. 그 사건으로 인해 학교 측에서 휴교 조치를 취하여 방학식도 하지 못하고 집으로 돌아왔다. 그 다음 해에 나는 중학 과정 공부를 계속하기 위해서 다시 집을 떠나게 되었는데, 이 때에 우리 집에서는 나에게 25원밖에 도와줄 수가 없었다.

선천에 있는 신성중학교에 가서 다른 학생 세 명과 함께 3학년 보결 시험에 응시하였는데 한 명만 통과되었다. 공부하는 동안 나는 고학생으로서 노동을 하여 학비를 충당하였다. 방과 후에 학교에서 맡겨주는 대로 젖소를 끌고 다니면서 풀을 먹이는 일, 우유를 배달하는 일, 밭에 가서 김매는 일, 그밖에 때로는 변소의 거름을 치우는 일도 하였다.

중학교 1,2학년 과정도 정규적으로 배우지 못한 내가 3학년 과정을 배우려고 하니 너무나 힘들었고, 고학생으로서 시간도 부족하여 식사 시간까지 절약할 수밖에 없었다. 그러므로 식당에서 5분 동안에 식사를 마치곤 했더니 "5분"이란 별명이 붙기도 하였다.

이처럼 고달프게 지내던 중, 선천 기독청년회(YMCA)에서 운영하는 무산 아동 교육 사업에 교사로 채용되어 매월 6원씩 받고 아이들을 가르치면서 공부를 계속하였다(당시 한 달 기숙사 1인 식비가 6원 미만).

방학이 되어 고향으로 가면 부모님과 함께 있는 아내가 나를 반가워하면서도 그 뜻을 표현하지 못하는 모습을 알 수 있었다. 아내는 부모님과 형님의 가족들과 함께 논밭에 나아가 김매는 일과 추수하는 일 등 농사를 돕고 있었다.

아내가 첫 아기를 출산할 산월인데도 나는 개학이 되어 다시 집을 떠날 수밖에 없었다. 아내는 아들을 낳아서 1년 가까이 잘 길렀는데, 그 어린 경조가 병에 걸려서 몹시 괴로워하였다고 한다. 삼십 리 밖 철산읍에 의원이 있었지만, 당시의 농촌생활 형편은 아기들이 아파도 그대로 방치해 두고 병원 치료를 서두르지 못하는 실정이었다. 그런 형편에 처했던 우리 아기도 심히 앓다가 세상을 떠나고 말았다. 나는 책임을 감당하지 못한 자책으로 언제나 마음이 무거웠다.

신성중학교는 미국 선교사들이 운영하는 기독교 학교였으므로 날마다 경건회 시간이 있었다. 예배 시간마다 나는 예수를 잘 믿어보려는 마음으로 반드시 참석하였고, 특별히 설교를 주의 깊게 들었다.

지금도 그 때에 들었던 설교 중 기억나는 것이 있다. 하루는 박평흠(朴平欽) 선생님이 경건회를 인도하였는데, 그가 사도행전 3장 1-10절을 읽고 특별히 6절 말씀을 해석하였다. 그 본문은, "베드로가 가로되 은과 금은 내게 없거니와 내게 있는 것으로 네게 주노니 곧 나사렛 예수 그리스도의 이름으로 걸으라"는 것이다. 박 선생님은 말하기를, "베드로는 돈을 모르고 예수님만 아는 신앙가였습니다. 왜 그런가 하면 보통으로는 '금과 은'이라고 하는데 베드로는 어느 것이 더 귀한지도 모르고 '은과 금'이라고 했으니 이런 것이 교역자에게는 장점입니다"라고 하였다.

박 선생님의 해석을 들을 때 내 마음에는 '과연 바른 해석

일까?' 하는 의문이 생겼다. "은과 금"이나 "금과 은"이나 같은 말인데, 이것을 가지고 어떤 해석을 한다는 것은 억해이고 주관적이라고 느꼈다. 그러면서도 나 자신은 성경을 바로 해석하기 위한 준비를 해야 되겠다는 결심을 하지 못하였다.

함가륜(咸嘉倫, C.S. Hoffman, 1883-1978) 교장님(선교사)에게서 창세기를 배웠는데, 내가 지금까지 기억하는 것은, 구약에 기록된 중혼(重婚) 사건에 관한 그의 명담이다. 그는 "평안할 안" 자(安)를 가지고 풀이하기를, "집 안에는 여자가 한 사람만 있어야 평안합니다"라고 하셨다.

김선두(金善斗, 1876-1949) 목사님이 신성중학교 교장으로 재임 중이던 때에 부흥가이신 길선주(吉善宙, 1869-1935) 목사님께서 신성중학교에 오셔서 요한계시록을 가지고 며칠 동안 사경회를 인도하셨다. 그의 계시록 풀이는 세대주의적이었는데 내가 그 당시에는 알지 못하였다. 그의 해석 방향은 역사적 사건에 계시록을 맞추는 데 있었던 것 같다. 그는, "적그리스도가 누구이겠는가" 하는 논설에서 근대의 몇몇 인물들을 꼽았는데 그 중에 이탈리아의 무솔리니도 들어 있었다.

내가 그의 계시록 강해를 들어본 결과는 왜 그런지 허전한 느낌이었고, 계시록에는 무엇인가 깊고 좋은 내용이 있을 터인데 강사 목사님께서 이 책의 깊은 뜻을 제대로 나타내지 못한 것이 아닐까 하는 아쉬움이 있었다.

길선주 목사님은 하나님께서 그 시대에 세우신 대 전도자였음을 나는 인정한다. 그러므로 그 한 사람이 여러 사람의 몫을 다 할 수 없었음도 안다.

김선두 목사님은 나의 은인 중 한 분이다. 그는 나로 하여금 숭실전문학교에 진학하도록 밀어주셨다. 그렇게 해서 나는 평양 장로회신학교에서 공부하게 되었던 것이다.

그 시절에, 성경에 대한 나의 이해는 책들의 계열 중에 성경을 놓고 그 중에 제일 나은 책이라는 정도의 인식을 받은 그대로였고, "성경은 하나님의 말씀이다"라는 확실한 증거는 그 누구에게서도 들어본 기억이 없다. 그만큼 그 시대의 교회는 개혁주의 신학을 의식하지 못하였던 것 같다. 물론 그 당시 교회의 성격이 순수하였다고는 생각된다.

선천에 머무는 동안 나는 주일마다 선천 북교회에 출석하여 예배하였다. 그 교회를 담임하신 교역자는 양전백 목사님이었는데, 그는 본래 한학자로서 유교의 도덕이 그의 인격에 젖어 있는 듯 점잖은 분이었다. 그는 또한 애국자로서 천여 명 교인들로부터 존경을 받고 있었다. 나는 그의 설교에서 깨달은 것이 별로 없는 것 같은데, 그 원인은 나의 신앙이 어린 데 있었을 것이다. 또한 그때(1924년경)는 아직 우리 교계에 성경 해석 문헌이 전반적으로 출판되지 못한 형편이었다.

수년에 걸쳐 조금씩이나마 성경을 배우며, 신앙생활을 한다고 세월을 보내는 동안 나의 어두운 지각이 차차 열리게 되어 점차 신앙운동에 열중하게 되었다. 방학이 되면 학우들과 함께 전도대를 조직하고 내가 대장이 되어 지방으로 순회하면서 전도 활동을 했는데, 그때마다 일본 경찰의 주목과 감시를 계속 받았고, 가정에서는 부모님의 반대가 대단하였다.

이 무렵 내 생애에 잊을 수 없는 신앙 체험을 하였다. 어느 날 나는 학교 가까이 수청고개 밑에 있는 시냇가를 산책하고 있었는데, 나의 심중에 하나님의 존재에 대하여 의심이 생기면서 '어떻게 보이지 않는 하나님을 믿을 수 있겠는가?' 하고 자문하였다. 그런데 이상하게도 그 즉시로 나의 마음 깊은 곳에서 세미한 음성같이 솟아 오른 것은, '네 손에 들고 있는 성경이 하나님이 계신 증거니라.' 하는 분명한 대답이었다. 나는 그때에 놀랄 정도로 하나님을 확신하게 되었고 의심은 깨끗이 사라졌다. 그 후로는 성경을 견고히 붙잡고 살아가는 믿음의 생활이 시작되었고, 그것이 오늘날까지 이어져 왔다.

하나님은 자연을 창조하신 하나님이시니 "자연계의 하나님"이라고도 할 수 있겠지만, 그보다는 특별계시, 곧 "성경이 말씀하는 하나님"이라고 고백하는 신자의 믿음이 참으로 견고한 믿음이라고 나는 주장한다. 하나님은 성경으로만 알게 된다.

신성중학교 졸업을 앞두고 내가 한 가지 결심한 것은 아내로 하여금 교육을 받도록 해야 되겠다는 것이었다. 몹시 추운 겨울이었는데, 나는 선천에서 고향까지 팔십 리 길(32 km)을 걸어서 집으로 내려가 며칠 쉬고 아내와 함께 선천읍

선천 대동학교 졸업기념(윗줄 오른쪽 두번째), 1923년

으로 돌아왔다. 생활비는 물론 부족하였지만 방 한 칸을 세로 얻어서 지내며 아내에게 기초적인 글을 가르쳐 주고, 그를 선천읍 보성여학교에 입학시켰다. 이 때에 나는 아내의 이름을 영선(英善)이라고 개명해 주었다.

2 숭실전문학교 시절

1927-1931

고학의 길

이 학교에서 공부하는 4년 동안도 내 생활은 역시 고학의 길이었다. 처음 몇 달 동안은 약(청심환)을 팔려고 평양 시내의 큰 집들을 찾아서 여러 곳을 다녔다.

그 후에 모의리(牟義理, E. M. Mowry, 1880-1971) 선교사의 주선으로 평양 서기산 밑에 있는 관영 철도호텔(일본어로 야나기야 호텔)의 종업원들에게 영어 회화를 가르치는 일을 맡게 되었다. 첫날 교실에서 느낀 것은 종업원들의 영어 회화 수준이 오히려 나보다 우수한 것 같았다.

나는 이 때까지 책으로만 배웠을 뿐인데, 그들은 매일 영국과 미국에서 오는 손님들과 직접 대화를 하던 처지였다. 그래서 나는 마음에 근심이 생겨 '어떻게 그들을 가르칠 수 있을까?' 하고 깊이 생각하게 되었다. 그러나 이 문제를 믿음으로 해결하려고 마음먹고 매일 깊은 밤중에 서문밖예배당으로 가서 강단 옆에 있는 자그마한 방에 들어가 거기서 기도하곤 하였다.

그 결과 분명히 주님의 도우심이라고 믿게 된 것은, 내가 그들을 가르칠 때마다 이상하게도 말이 잘 되고 영어 단어들이 척척 떠오르면서 자연스럽게 지도할 수 있었다는 것이다. 이리하여 4년 동안 나는 영어 공부를 열심히 하면서 가르치는 좋은 기회를 갖게 되었다.

숭전의 신앙 동인들(박태기, 박윤선, 방지일, 송영길[아래]), 1934년

그 때에 받은 봉급은 30원이었는데, 이 금액은 당시 보통학교(현 초등학교) 교원의 봉급 수준이어서 나와 아내의 학비 및 생활비로 사용하기에 충분하였다. 아내도 보성여학교에서 4년간 잘 배

우고 무난히 졸업하였다.

숭전 시절에도 신앙 운동에 열중하는 중 특별히 4년 동안 계속해서 기도 운동에 힘을 모았다. 몇몇 동지들(이유택, 송영길, 김철훈, 박기환, 김진홍, 방지일)과 함께 약 1시간쯤 걸어가서 모란봉 뒤 숲속에서 기도하곤 하였다.

우리가 기숙사에서 새벽 세 시, 혹은 네 시 경에 출발하여 기도처로 갔기 때문에 학생들은 우리에게 "조기부대"(早起部隊)라는 별명을 붙여 주었다. 그 시절에 나는 기도에 열중하기 시작하면 기도가 끊이지 않았으며, 또 매우 힘 있게 기도하였다. 조기부대 동지들은 후에 모두 목사가 되었고, 해방 후에 이유택, 송영길, 김철훈 세 분은 공산 치하에서 순교하였다.

전도대

방학이 되면 학생회의 임원들이 전도 대원이 되어 먼 지방까지 가서 여러 주간 순회하면서 전도 강연을 하곤 하였다. 이 전도대 대원 중 몇 명은 설교를 담당하였고, 몇 명은 음악으로 협력하였는데, 나는 설교 담당이었다. 그때에 내가 설교한 제목이 무엇이었는지, 또 나의 설교가 영적 감동으로 전달되었는지 모르니 유감이다. 다만 한 가지 분명한 것은, 내가 그때에 성경을 제대로 해석하지 못하였을 것이라는 사실이다.

어느 해 방학 때에는 우리 전도대가 평북 철산군에 있는 교회를 모두 순회하게 되었다. 우리는 읍에 있는 교회들만 아니라 농촌의 교회들까지 일일이 찾아다니며 전도 활동을 했다. 마침 나의 고향인 장평동을 지나게 되어 나는 잠시 부모님을 뵈올 수 있었다.

부모님은 아직 예수 그리스도를 믿지 않으시던 때라 나를 반가워하시지 않았으며, 부친의 표정은 더욱 좋지 않으셨다. 이때 나의 마음은 심히 괴로웠다. 실상 부친님은 자연인으로서는 좋은 분이었으며, 술도 안 드셨고 단정하게 사셨으며, 이웃에게 자선도 베푸시는 분이었다. 그럼에도 불구하고 하나님께로 돌아오시지는 않았으니, 믿음은 선물이라는 성경 말씀(엡 2:8)을 깨닫게 되는 동시에

숭전시절 말씀 봉사

사람의 보기에 착한 그 마음에서도 믿음은 생기지 못한다는 사실을 깨달았다.

또 한 번은 우리 전도 대원들이 만주로 건너가서 봉천(현 瀋陽)을 중심으로 개원과 무순 그리고 농촌의 여러 교회들을 순회한 일이 있었다. 이때에 정재윤 교수(조만식 선생님의 사위)께서 동행하셨는데, 그분은 장로로서 열렬한 신앙가인 동시에 애국자였고, 진실, 온유, 정의로 충만한 인격자였다. 나는 정 교수님을 매우 존경하였으므로 그분과 함께 전도 여행한 것을 지금도 자랑스럽게 생각한다.

그때의 일 가운데 지금도 잊어버릴 수 없는 것은 우리 동포들이 주로 농업에 종사하면서 논을 많이 개간하고 있었던 일이다. 그들은 우리나라의 독립을 심히 고대하는 심정으로 외국 땅에서 살고 있었다. 우리는 그들에게 그리스도의 복음을 전하여 하늘나라를 위해 충성하도록 그들의 신앙을 견고케 하는 데 주력하였다.

우리가 교회에 찾아갔을 때마다 그 교회에서는 우리에게 설교할 기회를 주었는데, 아직 신학 훈련도 받기 전이었으니, 나 역시 성경 해석을 제대로 하지 못하였을 것은 분명하다. 그런데도 교회들이 대학생을 강단에 세웠다는 것은, 그 당시 교회들의 영적 수준이 계몽시대였다는 것과 교회들의 성경 지식이 아직 미숙한 단계에 있었음을 알려 준다. 그때에는 성경 주석도 별로 없었고, 신학 서적들도 우리말로 발행된 것이 아직 없었다.

소명과 분별 의식

나는 기도와 전도의 은혜를 받아 열심히 나가는 가운데 4학년 때에 하나님의 일을 위하여 내 일생을 주님께 드리기로 결심하게 되었다.

숭전에서 공부하는 4년 동안, 나는 모란봉 뒷동리에 있는 가현교회를 맡아서 주일마다 설교와 교우들의 가정을 심방하는 일을 하였다(물론 무보수로 봉사한 것임). 그때의 나의 설교는 그 내용에서 신학적 체계가 잘 잡힌 것은 아니었지만, 그저 청년의 열정으로 쏟아낸 성경 선포였다고 생각된다.

한 가지 분명한 것은, 그때도 나는 자유주의를 배척하는 성경관을 가졌던 것이 기억난다. 어느 주일에 숭전 선배가 가현교회에 와서 설교하였는데, 그가 "성령의 불"을 해석하면서 그것은 '신자의 열심'을 의미한다고 하였다. 나는 그 말을 마음속에 받아들이지 않았다. 또 한 번은 어떤 설교자가 "영생"을 설명하면서 그것은 이 세상에서 사람이 자자손손 계대해 감을 의미하는 것이라고 하였다. 나는 이런 해석도 배척하였다.

위의 두 가지 잘못된 말을 보더라도 이미 그 시대에 한국교계 설교자들 가운데 자유주의 또는 인본주의 사상이 침투하고 있었다고 생각된다.

그 당시 서문밖교회(내가 간혹 출석하던 교회)의 임종순 목사(1875-1947)는 복음주의 설교가로서 보수주의를 지켰다. 그의 설교는 언제나 감화가 많았다. 그와 같은 계열의 설교자들도 적지는 않았다.

길선주 목사(1869-1935)는 사경회 인도자라기보다는 부흥가였다고 말할 수 있는데, 그것은 그의 말하는 스타일로 보아서 그렇다. 어느 날 그가 숭전 경건회 시간에 오셔서 설교하셨는데, 그의 말한 것이 지금도 생각난다. 즉 그가 어떤 교회에서 설교하면서 회중을 향하여 "이 망할 놈들아!" 하고 꾸짖었다는 것이다.

그 시대의 대표적인 부흥가가 이런 식으로 회중을 깨우쳤으니, 성경을 성경신학적으로 풀이한 설교를 들어보기가 어려웠다. 그러므로 그 시대를 계몽시대라고 할 수 있고, 또 그 시대에는 그럴 수밖에 없었다.

또 다른 한편 해외에서 유학하고 돌아온 지도자들 중 어떤 이들은 사회복음주의 노선에서 일하였고, 그들이 교회의 지도권도 가지고 있었다. 나는 그들의 설교도 들었는데 기억에 남은 것이 별로 없다. 다만 한 가지 잊혀지지 않는 것은, 한 분이 설교 시간에 성경 본문을 읽어 놓고는 세상 것만 강조한 일이다. 그는 말하기를, "외국의 어디를 가 보든지 공공 기관들은 큰 건물을 차지하고 있는 것을 보았습니다. 그러므로 우리는 공공사업을 힘써야 되겠습니다"라고 하였다. 이런 말이 성경의 영적 교훈과 무슨 관련이 있겠는가!

숭전 교과목 중에 성경 과정이 있었다. 편하설(片夏薛, C. F. Bernheisel, 1874-1958) 선교사에게서 시편을 배웠는데, 내용 분석이나 강해를 하지 않고 그저 시편 본문을 한 번 읽어 내려가는 정도로 마쳤으니, 학생들은 성경의 깊은 내용을 알지 못하고 지나갔다. 그리고 함일돈(咸日頓, F. E. Hamilton, 1890-1969) 선교사에게서 로마서를 배울 때에도 마찬가지였다.

당시 마포삼열(馬浦三悅, S. A. Moffett, 1864-1939) 선교사가 교장이었고, 모의리(E. M. Mowry) 선교사는 영어를 가르쳤다. 그는 모든 것을 규칙적으로 해 나갔는데, 강의 시간에 학생이 조금만 늦게 들어와도 묵인하지 않고 주의를 주곤 할 때에 나는 그 분에게서 많은 것을 배웠다. 그는 학생의 영어 발음이 틀렸을 때에 반드시 교정해 주었는데, 나는 그에게 지적받은 것을 지금까지 기억하고 있다. 매사에 정확하고, 정직하고, 사랑으로 행하는 그분에게서 나는 많은 감화를 받기도 하였다.

정신면과 사상면에 있어서는 정재윤(鄭在允) 교수에게서 크게 영향을 받았다. 그는 인격이 깨끗하고 감화력이 있는 교수였다. 오랜 세월이 지난 지금도 그분을 생각하면 내 마음에 어떤 감동이 있다.

3 평양 장로회신학교 시절

1931–1934

입학

나는 1931년 4월에 평양 장로회신학교에 입학하였다. 그때는 사명감이 확실한 지원자(소명을 받고 목사가 되어 복음 전도에 헌신하려는 자)에게만 신학교 입학이 허락되었다.

나는 신학을 배우는 3년 동안 숭실중학교의 사감으로 일하였다. 하학 후에 주로 평양 시내에 산재한 문제 학생들을 찾아다니며 심방했는데, 학생들의 집을 찾느라고 이 골목 저 골목 여러 시간 동안 걸어 다니면서 그 일을 감당하였다.

주일에는 숭실중학교에서 학생들을 위해 실시하는 성경반에서 성경을 가르쳤는데, 교안을 준비할 때에는 신학교

도서관에서 영문 성경 주석을 빌려다 참고한 것으로 기억된다.

신학교 시절부터 나는 성경 연구에 다소 즐거움을 맛보면서 방학 때는 교수님의 성경 주석(영문)을 빌려 가지고 고향 장평동에 가서 읽은 기억도 있다.

1학년 재학 중에 나의 부친께서 별세하셨다. 형님과 내가 부친 제사를 반대했으므로 어머니는 아들들을 헛키웠다고 땅을 치며 통곡하셨다.

나의 재학 당시의 여러 교수님들을 소개한다.

외국인 교수

마포삼열(馬布三悅, S. A. Moffett) 선교사는 한국 초대의 중진 선교사였다. 내가 입학한 그 해에는 그가 소요리문답을 가르치셨다. 그는 그의 관대한 성품과 교부(教父)와 같은 무게 있는 신앙 인격으로 많은 감화를 끼쳤으며, 학문보다는 성경에 대한 그의 굳은 신념과 보수적인 신학 입장이 무언중에 학생들에게 전달되었다고 생각된다.

교장 라부열(羅富悅, Stacy L. Roberts, 1881-1946) 박사는 그의 저

서인 『사복음 대조 기술』(四福音對照記述)을 교재로 사용하여 1학년 학생들을 가르치셨다. 그의 교수는 매우 실제적이었고, 그가 명확한 한국말로 강의할 때마다 감탄을 금할 수 없었다. 그는 종종 신학생들에게 말하기를, "교역자는 재지(才智)가 부족해도 진실하면 되지요"라고 하였다.

그의 성경 해석 방법은 번쇄하게 깊이 파고드는 것이 아니라, 중점적인 것을 요약적으로 해명하였다. 그의 교수에서는 부드럽고도 관대한 인격이 드러나면서 학생들에게 시원한 느낌마저 주었다. 그리고 그의 설교도 성경 본문에서 굵은 줄거리를 뽑아내어 이해하기 쉽도록 말하므로 상쾌한 맛이 있는 설교였다.

그가 3학년 과목 중에서는 요한계시록을 가르쳤는데, 매번 학생들에게 계시록 한 장을 읽어 와서 구두로 발표하도록 숙제를 내주곤 하였다.

그는 매사에 정확하였고, 자기가 말한 바를 그대로 실천하는 진실한 지도자였다. 그는 또한 겸손의 덕을 지닌 분이었다. 그가 자신의 서재에 많은 책들을 가지고 있으면서도 나의 서책 중에서 뉴월(Newell)의 요한계시록 주석을 빌려간 적도 있었다.

조직신학 교수 **이눌서**(李訥瑞, W. D. Reynolds, 1867-1951) 박사

는 고아(高雅)하고 성스러운 인격자였다. 그는 미국 선교사이면서도 능숙한 한국어로 강의하였는데, 그의 강의를 듣는 학생들이 때로는 어떤 수도사 앞에서 설교를 듣는 것 같은 느낌을 받기도 하였다. 그는 교수할 때에 고요히 해설하면서 말에 힘을 주지 않았는데, 그 모습이 마치 깊이 뿌리박고 높이 자라난 백향목 같은 인상이었다.

그의 조직신학 교재는 중국어로 번역된 찰스 하지(Charles Hodge)의 조직신학을 우리말로 다시 번역한 단편적인 것이었다. 그의 교수 방법은 비판에 의해 진리를 확신케 하려는 것이 아니라, 그저 정통 교리를 보수하며 전달하는 것으로 일관하였다.

그는 교리의 근거인 성경 구절을 성경신학적으로 깊이 해석하는 작업은 하지 않았다. 예를 들면, 그가 신학교 경건회 시간에 설교하면서 "천사"에 관한 말을 한마디 하였다. 곧 "천사가 다른 이가 아니고 나를 도와준 내 아내였다"고 한 말이다. 그의 뜻한 바는 천사가 사람을 통하여 역사한다는 것이고, 문자적 의미에서 그의 아내가 천사라는 것은 물론 아니었다.

그러나 설교에 있어서 천사에 대하여 언급하려면 조직신학자로서는 성경에 있는 천사론을 요약하여 성경신학적으로 간단하게나마 해설했어야 할 것이다. 나는 이눌서 박사에게서 배운 것이 많지만 더 깊은 교훈을 요구하였다는 의미에서 이 말을 하는 것이다.

어도만(魚塗萬, W. C. Eerdman, 1877-1948) 박사는 주로 주경신학을 맡아 구약을 가르치셨는데 불행하게도 나는 그에게서 배울 기회를 갖지 못하였다. 내가 숭전 재학 중에 그는 심장이 약하여서 그의 고국인 미국으로 귀국하셨다.

다만 나는 숭전 재학 당시 학생회에서 그를 초청하였을 때에 그의 강의를 들은 적이 있다. 그때에 나타난 그의 온유하고 겸손한 덕을 나는 지금까지 잊지 못한다. 그가 강의하는 도중에 한 학생이 조금 불손한 태도로 그의 잘못을 지적하자, 그는 즉시 부드러운 어조로, "잘못했습니다. 사과합니다"라고 하였다. 이때에 그가 변명을 하려면 할 수도 있었는데 그는 거두절미(去頭截尾)하고 사과한 것이다.

그는 한국 교회를 위하여 「신학지남」에 많은 글을 기고해 주셨고, 특히 그가 주일학교 공과를 집필한 것은 한국 교계에 성경 말씀을 올바로 가르치도록 함에 있어서 크게 공헌한 바 있다고 생각한다.

후일에 내가 미국 웨스트민스터신학교 재학 중에 어도만 박사의 댁을 방문한 일이 두어 차례 있었다. 그때에도 그와 사모님께서는 나를 한국 학생이라고 하여 매우 반갑게 영접해 주셨다. 나는 그들의 친절을 잊을 수가 없다.

업아력(鄴雅力, A. F. Robb) 교수는 캐나다 선교사로서 교회사를 가르치셨다. 그는 무엇보다도 덕망으로 많은 감화를 끼쳤는데, 학생들이 그에게 "교부님"(Church Father)이란 별명을 지어드렸다. 그는 과묵하고 관후(寬厚)하신 인격자였다.

그의 교재는 프린트한 것이었고, 당시의 한문 표현이어서 이해되지 않는 부분들도 포함된 번역이었다. 예를 들면, 영지주의(Gnosticism)를 '대지식문'(大知識門)이라고 번역되어 있던 것이 생각난다.

그는 성경 말씀 기반 위에서 교회사를 비판하며 가르치셨다. 한 번은 내가 불건전한 신비주의 운동에 대하여 그의 의견을 물었더니, 그는 그런 일이 사탄의 운동에 의해서도 일어날 수 있다는 의미에서 고린도후서 11장 13-15절의 말씀을 읽으라고 대답해 주셨다. 그 구절은 이렇다. "그런 사람들은 거짓 사도요 속이는 일꾼이니 자기를 그리스도의 사도로 가장하는 자들이니라 이것이 이상한 일이 아니니라 사탄도 자기를 광명의 천사로 가장하나니 그러므로 사탄의 일꾼들도 자기를 의의 일꾼으로 가장하는 것이 또한 대단한 일이 아니니라 그들의 마지막은 그 행위대로 되리라."

곽안련(郭安連, Charles A. Clark, 1878-1961) 교수는 실천신

학을 담당하시고, 설교학, 목회학, 종교교육 등 여러 과목들을 가르치셨다. 그는 열정가이고 근면하셨다. 그의 사택은 학교 구내에 있었는데, 강의하러 오실 때에는 언제나 뛰어오시곤 한 것 같다. 그가 강의실에 들어와 가르치려 할 때에는 학생들이 그의 숨 쉬는 소리를 들을 정도였다.

그는 자극성 있는 표현으로 종종 학생들을 깨우쳤다. 내가 지금까지 간직하고 있는 그의 교훈을 두어 가지 소개한다.

"목사는 유리 집에서 삽니다." 이 말은, 교우들이나 불신자들이 목사의 생활까지도 자세히 훑어보고 있다는 것이다.

"목사는 주일마다 새 목사가 되어야 합니다." 이 말은, 목사는 기도를 힘쓰고 성경 연구도 힘써서 주일마다 강단에 나설 때에는 교우들에게 전보다 더 새롭고 영적인 사람으로 드러나야 한다는 것이다.

왕길지(王吉志, G. Engels, 1868-1938) 선교사는 호주에서 오신 분인데, 성경 원어 교수였다. 솔직하기로는 거의 수학적이었고, 책임감이 강하신 인격자였다. 나는 그에게서 히브리어와 헬라어를 배웠다. 그의 교수 방법은 매우 엄격하였으므로 그 덕에 원어학을 연구하는 학생들(약 10여 명)이 많은 유익을 얻었다.

본국인 교수

남궁혁(南宮赫, 1882-1950) 박사는 신약 교수였다. 그는 무게 있는 인격자로서 신약 해석에 능숙하였다. 나는 그에게서 빌립보서 해석을 배웠다. 그는 6·25 때 인민군에게 납치되어 가셨는데, 그 후로는 소식을 알 수 없다. 그는 본국인 교수로서는 제일 먼저 부임하신 분이다.

이성휘(李聖徽, 1889-1950) 박사는 구약 교수였다. 그는 영적 방면으로 많이 힘쓰신 교수로서 특별히 구약을 요람식으로 교수하여 학생들에게 많은 유익을 주셨고, 또 성경을 해석함에 있어서 영해(靈解)하는 데 주력하셨다.

그는 온유의 덕으로써 학생들에게 모본을 보여주셨으며, 교수로 계시면서 교회 봉사를 많이 하시는 중 특히 평양 서문밖교회의 동사목사(협동목사)로도 봉사하셨다. 그는 38선 이북에서 공산당의 박해로 순교하셨다.

박형룡(朴亨龍, 1897-1978) 박사는 나의 1학년 시절부터 교수하기 시작하셨다. 그는 변증학 방면의 여러 과목들을 담당하셨는데, 학구적으로 많은 유익을 주셨다. 나는 그에게서 고린도후서를 배웠고, 기타 몇 과정 강의를 들었다. 박 박사께서 미국 웨스트민스터신학교에 나를 소개해 주셨다. 그는 평양 장로회신학교의 중요한 교수였으며, 그의 보수적인 신앙과 무게 있는 인격은 학생들에게 큰 감화를 끼쳤다.

그는 신학적으로 한국 장로교의 기둥이었으며, 해방 후에도 오랫동안 신학교 교장으로 수고하시면서 막대한 업적을 남겼다.

신학 공부와 신앙 실천

이상으로 평양 장로회신학교의 신학적 보수의 입장을 간단히 기술한 것 같다. 그런데 이 신학교가 개혁주의(Reformed) 신학을 제시하는 데 있어서는 명확하지 못하였다. 나는 신학교 재학 중에 "칼빈주의"(Calvinism)란 말을 별로 들어본 적이 없으며, 교수들로부터 "성경신학"이란 말도 들어본 적이 없다. 성경신학이 없었던 그 시대에 교리들을 성경적으로 단맛 있게 가르쳤으리라고 생각되지는 않는다.

그리고 이 신학교의 교육이 순수하기는 하였으나 대체로 비판을 경유하지 못한 주입식 교육이어서 그 결과는 그리 만족스럽지 못하였다. 물론 교수진이 성경의 권위를 칼빈주의적으로 믿었다고 나는 생각한다. 그러나 그때의 신학생들이 교수들로부터 근본주의를 받으면서 그들이 칼빈주의 차원에서 신학을 해득하지는 못하였다.

나는 이때에도 3년 동안 신학교의 커리큘럼대로 신구약 각 책에 대한 교수들의 강의를 듣는 것과 영문 성경 주석을 읽는 것으로 그쳤을 뿐, 자발적으로 간절히 성경을 상고하지는 못하였다. 그러므로 나는 성경의 권위 문제를 신학적으로 이해하지 못했던 것이 사실이다. 이것은 나의 영적 우둔함과 태만을 증거해 준다.

허일(許一, H. J. Hill) 선교사와 함께 평양에서 성경학교를 가르치던 때의 일이다. 그의 교재 중에는 교리를 말한 뒤에 성경 구절로 뒷받침한 문서가 있었다. 이것은 어느 교리든지 성경의 증거대로만 받는다는 것이 아니겠는가! 나는 그 논법을 옳게 여기면서도 만족을 얻지 못하고, '성경의 뒷받침만으로 그치고 인간적 설명이 없어서야 되겠는가?' 하고 마음에 의혹을 품기도 하였다.

그런데 미국 유학 후에 깨닫고 보니 불만을 품었던 내가 잘못이었고, 나도 "성경이면 그만이다"라는 논리에 안식하게 되었다.

성경은 책 중의 책이 아니고 "책들 위의 책"이라고 해야 옳다. 그 이유는, 성경은 모든 책들을 심판하는 책이기 때문이며, 성경은 자증자(自證者)이기 때문이다. 신앙 논리에서 "왜 예수를 하나님의 아들로 믿는가?" 한다면, 이에 대한 대답은, "성경이 예수를 하나님의 아들이라고 증거하기 때문이다"라고 할 것이다. 이에 대하여 더 이상의 논리는 계속될 수 없다. 그 이유는, 성경의 대답이 절대적 진리이기 때문이다.

누구든지 "성경 말씀이 최고의 진리입니다"라고 말하는 것을 삼가야 한다. 만일 그렇게 말하게 되면, 성경보다는 조금 못하지만 성경 수준에 가까운 내용이 다른 책에도 있다는 결론이 내려지게 된다. 하나님께서 천하의 모든 인간 중에 "구원을 얻을 만한 다른 이름"을 우리에게 주신 일이 결코 없다(참조. 행 4:12).

어느 방학 때에 전도단의 일원으로 충청도에 흩어져 있는 교회들을 순회했던 일이 생각난다. 지금도 잊히지 않는 것은 괴산읍(槐山邑)교회에서 일어난 일이다.

우리가 전도 설교를 차례로 했었는데, 나는 설교하기 전날 하루를 금식하였다. 그랬더니 그 교회의 청년들이 말하기를, "예수를 그렇게 믿어야 되는가?" 하였다. 그들이 이 같은 의문을 가진 것은, 장로교 헌법의 예배모범에 제정된 "거룩한 규례"(금식기도를 포함)를 배우지 못했기 때문이다.

교통수단이 발달되지 않은 그때에 우리 전도단은 이십여

리(약 9km) 정도의 거리는 으레 걸어서 교회를 찾아가곤 하였다. 당시 농촌 교회의 실정은 교역자 한 분이 너더댓 교회를 맡아 사역하는 것이 보통이었다. 우리 전도단이 도착하면 그 교역자는 자기가 담당하고 있는 여러 교회로 우리 일행을 안내하였다. 이 같은 형편인지라 교인들이 교역자를 만날 기회도 적었으니 그들이 어떻게 성경을 깨달을 수 있었으랴.

나는 재학 중에 어학(영어, 독일어) 공부도 힘썼는데, 언제나 독일어 문법책을 손에 들고 다녔던 것이 생각난다. 이처럼 어학에 치중했던 것이 후일 성경 주석 저술에 유익한 결과로 이어졌다. 이런 작은 일에도 하나님의 섭리가 있었다고 생각하여 감사하는 바이다.

나의 재학 당시 학생들의 숫자는 일백 명 내외로 생각되며, 거의 전원이 기숙사 생활을 했는데, 그 분위기는 매우 친밀하였으며, 학생들이 학교의 규율도 잘 지켰다. 누구든지 한두 교시라도 결석할 경우에는 교장의 허락을 받아야만 했다.

학생들은 새벽기도에 힘썼으며, 기회가 닿는 대로 목회도 힘썼다. 보통으로는 신학을 공부하다가 한 학기 정도는 쉬면서 교회로 돌아가 목회를 하기도 하였다. 그러므로 어떤 학생들은 졸업하기까지 5년 혹은 6-7년 걸리기도 했는데, 이 같은 신학 교육 방법이 유익했다고 생각된다. 실제로 목회하면서 신학 훈련을 받고 목사가 된 그들은 유력한 일꾼이 되었다고 생각한다.

평양 장로회신학교에서는 사명감 없는 사람은 입학을 허락하지 않았다. 만일 사명감 없는 사람들이 신학교를 졸업하고 목사가 되어 주님의 교회를 맡게 되는 때에, 직업 목사(종교업자)들이 많아지는 동시에 교계는 갈수록 혼란해지고 부패해질 수밖에 없다. 목사는 하나님을 두려워하는 마음으로 일해야 하는데, 직업 의식으로 교회를 맡는다면 하나님의 양떼들의 신앙생활에 손해를 주는 일이 더 많게 된다.

그 당시 재학생 몇 명(김진홍, 방지일, 필자)이 힘을 합해서 「겨자씨」라는 신앙지를 출판하였다. 이 일은 방지일 형제(1911-2014)가 주동적 역할을 했는데, 그는 학생으로서 어려운 살림 중에도 이 신앙지 출판에 온갖 힘을 기울였다. 방지일 목사와 김진홍 목사는 평생 가까운 친구요 동역자로서 많은 충고로 나를 도와주곤 하였다.

평양 장로회신학교에서 만난 사람 가운데 잊을 수 없는 한 분이 있으니, 김인서(金麟瑞, 1894-1964) 장로(후에 목사)이다. 부흥가이기도 한 그는 단독으로 「신앙생활」이란 신앙지를 출판하면서 진리를 파수하며, 교회의 세속화를 방지하기

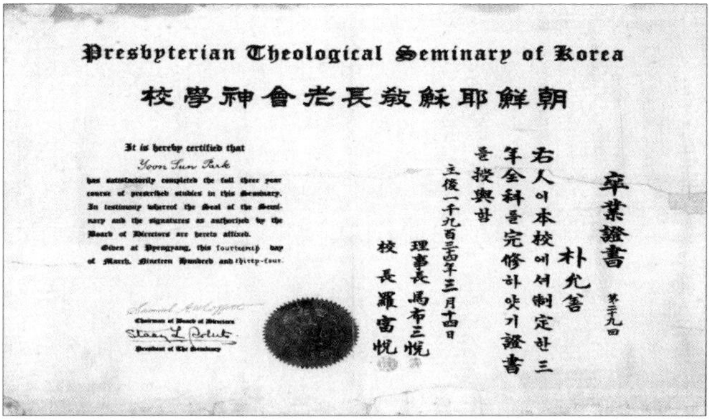

Presbyterian Theological Seminary of Korea

朝鮮耶穌敎長老會神學校

卒業證書

第二九四

朴允善

右人이本校에서制定한三年全科를完修하얏기證書를授與함

主後一千九百三十四年三月十四日

理事長 馬布三悅

校長 羅富悅

It is hereby certified that Yoon Sun Park has satisfactorily completed the full three year course of prescribed studies in this Seminary. In testimony whereof the Seal of the Seminary and the signatures as authorized by the Board of Directors are hereto affixed.

Given at Pyengyang, this fourteenth day of March, Nineteen Hundred and thirty-four.

Chairman of Board of Directors

Stacy L. Roberts

President of The Seminary

평양 장로회신학교 졸업장, 1934년 3월 14일

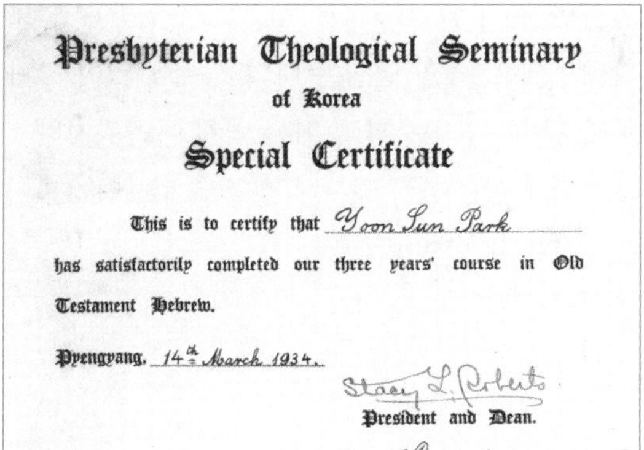

Presbyterian Theological Seminary of Korea

Special Certificate

This is to certify that Yoon Sun Park has satisfactorily completed our three years' course in Old Testament Hebrew.

Pyengyang, 14th March 1934.

Stacy L. Roberts

President and Dean.

G. Engel

Professor of Biblical Languages.

구약 히브리어 3년 과정 이수증, 1934년 3월 14일

위해 투쟁하고 있던 특수한 지도자였다. 그는 오랫동안 목사 안수를 받지 않고 자기 사명을 다하기 위해 모란봉 가까이에 있는 곤우동 한 칸 집에 살면서, 조용히 「신앙생활」 원고를 쓰는 일과 전심으로 기도하는 생활을 하였다.

그는 나보다 훨씬 선배인데도 나를 친구로 대해 주었고, 나는 그를 존경하였다. 그는 하나님을 두려워하는 지도자요, 의리가 두터운 장로로 알려져 있었다. 나는 그의 집으로 가서 신앙 동지들과 함께 기도회에 참석하기도 하였고, 때로는 성경 강해 부탁을 받아서 그 일을 담당하기도 하였다.

한동안 나는 모란봉 뒤에 있는 가현교회를 맡아서 주일마다 봉사한 일이 있었다. 신학생으로서 심방과 설교에 전력을 다했는데, 그때의 열심은 나의 생애에 있어서 가장 열렬했던 것 같다. 나의 생활 형편은 역시 어려웠지만 그때에도 기도생활에 열중했기 때문에 생활문제를 염려하지 않고 기쁨으로 지낼 수 있었다.

제2부 개혁주의 신학과의 만남

나는 성경을 깨달음에 있어서 언제나 학도의 신분으로 살아왔다. 내가 평생에 힘써온 중요한 일은 신학 교육과 성경 주석 저술이었는데, 돌이켜 보면, 자초지종 우리 하나님의 능하신 손길이 계속 나의 길을 인도해 주신 것을 깨닫게 되며, 로마서 8장 28절의 말씀에 의지하여 나는 하나님을 찬송할 뿐이다.

나의 신앙 성장 과정을 말해 본다면, 대학 시절과 평양신학 시절에는 보수주의이면서 주관적 체험을 탐구하는 정도였다고 생각된다. 평양신학을 마친 후 도미하여 웨스트민스터신학교에서 연구한 후부터는 칼빈주의(혹은 개혁주의) 신앙을 자각 있게 붙들게 되었다.

오직 성경만이 정확 무오한 하나님의 말씀인 줄 확신하고, 성경을 바로 알고 그대로 전하는 것이 사도적 전도라고 믿으며, 지금까지 그렇게 살려고 노력해 왔다. 또 그렇게 말씀을 전할 때에 성령님의 도우심으로 말미암아 많은 열매가 있었음을 하나님께 감사한다.

성경의 참 뜻을 바로 깨닫게 되는 것은 오직 성령님의 은혜로만 가능하다.

케직사경회 특강 중에서

1 일차 유학 출발

1934

유학 준비

1934년 3월에 평양 장로회신학교를 졸업하고, 신학을 더 연구하기 위해 미국 유학을 추진하였다. 고향 장평동에 초가삼간을 얻어서 가족을 거기에 머물게 하고 나는 서울을 향해 출발하였다. 이때에 나의 모친께서는 아들의 유학을 극구 반대하시는 입장이었다. 그는 무엇보다도 내가 부친의 제사를 반대해 왔으므로 유학으로 인해 나의 신앙이 더 견고해질 것을 염려하셨던 것이다.

유학을 서두르는 나에게는 학비는커녕 미국에 갈 여비도 없었다. 더욱이 그 당시에 미국 비자(visa)를 받는다는 것은 매우 어려운 일이었다. 그러므로 나는 이 어려운 문제들을 놓고 오직 하나님만을 바라보며 기도하는 길밖에 없었다.

서울에 저녁 늦게 도착하여 서대문에 있는 구세군영 예배실에 들어가 철야 기도를 하고, 이튿날 미 대사관 영사과로 찾아가 비자 신청을 하였다. 인터뷰 시간에 영사가 나에게 묻기를, "이 재정 보증인이 약속대로 실행할까요?" 하며 나를 바라보았다. 비자 신청자들을 위한 재정 보증이 대부분의 경우 서류 작성으로 그치는 것을 그는 알고 있었던 것이다. 이때 나는 하나님이 주신 지혜로 대답하기를, "선생님이 더 잘 아십니다"라고 하였더니 영사는 씽긋 웃으며 나의 여권에 사증(visa)을 콱 찍어 주었다.

그리고 여비 문제도 기도의 응답으로 몇몇 유지들이 몇 백 원 협조해 주었고, 모자라는 금액(몇 백원)은 왕길지 선교사에게서 빌리기도 하였다. 후에 미국에서 공부하는 동안 하나님의 도우심으로 그 빚을 갚게 되어 감사하였다.

유학 출발

나는 평양에서 부산까지 기차 편으로 간 다음 부산에서는 배를 타고 현해탄을 건넜다. 여덟 시간 후에 일본 시모노세키(下關)에 도착하여 일단 동경으로 갔다가 그 이튿날 고베(神戶)에서 지지부마루(秩父丸)라는 기선을 타고 미국으로 향하였다.

태평양을 건너는 데 17일이 소요된다고 하므로 나는 그 기간을 유익하게 사용하고자 요한계시록을 암송하기로 작정하였다. 매일같이 눈에 들어오는 것은 넓은 바다와 하늘뿐이요, 때로는 풍랑도 심했는데, 주님만 의지하고 믿음으로 위로를 받으면서 요한계시록을 1장부터 암송하기 시작하였다. 계속되는 17일 간의 항해는 나에게 있어서 지리한 시간이 아니라, 도리어 진리를 섭취하는 단맛 있는 여행으로 바뀌었고, 샌프란시스코에 도착했을 때에는 18장까지 암송한 것으로 기억된다.

거기서 다시 그레이하운드 버스로 동쪽에 있는 필라델피아까지 한 주간을 달렸는데, 이때에도 이미 암송한 부분을 계속 외우면서 갔다. 계시록의 나머지 부분(19-22장)은 학교에 다닐 때 아침마다 외워서 다 마쳤다.*

필라델피아 도시 한가운데 있는 웨스트민스터신학교(현재는 교외에 있음)에 도착하니 한국인은 한 사람도 없었고, 그 학교를 졸업한 김치선 박사는 텍사스에 있는 달라스신학교로 떠나간 후였다.

---

* 편집부 주_ 요한계시록 1949년 초판 서문에 따르면 계시록 암송은 태평양 선상에서 1-3장, 그리고 웨스트민스터 신학교로 가는 버스 안과 유학 시절에 계속 암송하여 나머지를 다 암송했다고 기록한다.

2 웨스트민스터신학교 시절

1934–1936

신약학 전공

웨스트민스터신학교는 미국에서 유명한 장로교 신학교인 프린스턴신학교에서 갈라져 나온 신학교이다. 그때는 자유주의 신학이 프린스턴신학교에 침투하기 시작한 때였다. 웨스트민스터신학교는 세계적인 두 학자, 즉 구약 학자 윌슨(Robert D. Wilson, 1856-1930) 박사와 신약 학자 메이천(Gresham Machen, 1881-1937) 박사를 주축으로 하여 세워진 칼빈주의 신학교이다.

내가 입학했을 때 메이천 박사는 학장이었고, 윌슨 박사는 별세한 지 오래지 않은 때였다. 교수진은 밴틸(Cornelius

Van Til, 1895-1987), 머레이(John Murray, 1898-1975), 알리스(Oswald T. Allis, 1880-1973) 등이었다.

메이천 박사는 위대한 신학자로서 하나님의 말씀대로 사는 진실한 신앙가였다. 그는 평생 결혼하지 않고 독신으로 지내면서 불철주야 하나님의 말씀을 연구하는 성경학자였으며, 모든 신학생들을 자기 자식처럼 사랑하면서 신앙적으로 지도해 주었다.

그의 교수법은 자기 분야에 있어서 깊이 있고 능숙하여서 학생들에게 산지식을 심어 주었다. 강의 시간마다 성경을 확신하고 증거한 그는 열정이 넘쳐서 한자리에 앉아 있지 못하고 때로는 탁자 위에 올라앉거나 이리저리 걸으면서, 간혹 이마를 벽에 대고 강의를 계속하곤 하였다. 그의 저서로는 『바울 종교의 기원』(한국로고스연구원 역간), 『그리스도의 동정녀 탄생』(CLC 역간) 등이 유명한 대표작이고, 그밖에 많은 책들을 저술하였다.

나는 그의 문하에서 신약학을 전공했는데, 특별히 주경신학을 배우는 가운데 그의 도움을 많이 받았다. 그는 성경을 해석하는 강의 시간에 학생들에게 숙제를 많이 내주었다. 예를 들면, 누가복음을 공부시키면서 학생들로 하여금 그 책 한 부분을 읽고 주석을 참고해서 발표하도록 한 것이다. 그는 학과 시간에 학생으로 하여금 먼저 발표하도록 한 후에 질문하기를, "읽은 부분에 있는 문제점이 무엇인가? 그리고 그 문제에 대한 여러 학자들의 의견을 진술해 보라" 고 하였다. 그리고는 거기에 대한 비판을 요구하였다. 다시 말하면, 어느 해석이 옳은가 하는 것이다. 물론 이 연구 작업은 원문 성경을 근거한 것이었다.

그는 학생들로 하여금 많이 연구하도록 지도하였고, 또 그는 언제나 침착하면서도 열심이 있었고, 온유하며 솔직하여 진실한 학자의 모습으로 일관하였다. 학생들은 모두 그의 강의 시간에 숙제를 부지런히 해 가지고 왔다.

나는 신학자들의 학설에 대한 비판을 이때부터 제대로 하게 되었다. 이에 따라서 성경의 권위도 깨닫게 되었고, 그 권위는 하나님의 말씀이라는 것을 확신하게 되었다. 그리고 이때에 나는 성경 해석 방법도 배우게 되었다. 성경 해석

웨스트민스터신학교 학우회(아래서 둘째줄 오른쪽 첫 번째-박윤선), 1934년

을 바로만 한다면 기독교는 어디까지나 초자연주의(超自然主義)라는 사실이 나에게 명백히 알려진 것이다.

방학 생활과 설교 초청

여름 방학 약 3개월 동안 학생들은 대다수 학비를 벌기 위해 성경책 판매원이 되어 미국 각처로 돌아다니는 것을 보고 나는 매우 탄복하였다. 부유한 나라에서 사는 청년들이지만 부모를 의지하지 않고 자신이 노력하여 학비 부담을 스스로 감당해 나가는 자립심은 신자들에게 모범이 된다고 느꼈다.

방학 기간에 나는 뉴욕의 어느 가정에서 그릇 씻는 일을 맡아서 얼마 동안 했는데, 그릇을 잘 깨뜨렸으므로 그 일을 계속하지 못하였다. 그러므로 조용한 기숙사에 혼자 남아 성경 연구에 주력하였다. 물론 나는 가난한 학생으로서 학비 조달 문제도 있었지만 그 문제는 하나님께 맡기고 우선 성경 연구를 보다 중요하게 여겨서 긴 방학 동안 기숙사에 홀로 있었다.

거의 매일 아침 일찍부터 몇 시간 동안은 성경 연구 작업을 하고, 그 다음에는 요한계시록을 처음부터 끝까지 암송하곤 하였다. 그렇게 함으로써 나 자신의 신앙을 지킬 수 있었으며, 또한 성경 연구 작업에 있어서 성령님의 인도하심을 받아 한 걸음씩 나아갈 수 있었다고 생각된다.

그때는 우편물도 선편으로 왕래되었으므로 고향의 가족 소식을 받아 보면 봉투에 찍힌 소인이 약 두 달 전의 날짜였다. 따라서 멀리 타국에 있는 외로운 나그네로서 고국이 그리워질 때가 많았다. 너무도 외롭고 답답할 때는 종종 기숙사 복도로 나가서 크게 소리쳐 보기도 했고, 자주 큰 소리를 내어서 기도하곤 하였다. 내가 머물던 큰 건물 안에 다른 사람은 아무도 없었으니, 소리를 질러도 남에게 방해되지는 않았다.

개학해서 공부하는 동안에는 주말에 교회의 초청을 받아 나가서 설교도 하였다. 주님의 도우심으로 설교를 들은 사람들이 은혜를 받았다고 간증하는 일도 종종 있었다. 시카고 근방 시세로(Cicero)에 있는 성경교회의 메카레 레튼 목사는 나의 설교를 듣고 자기 친구에게 말하기를, "그는 불"이라고 말했다 한다. 이때에 나의 영어가 유창하지도 않았고 설교가 완벽하지도 못했지만 회중이 기쁘게 받는 자세였으므로 그런 열매가 나타난 줄로 안다. 즉 미국 신자들은 외국에서 온 신자의 간증이나 설교를 반갑게 여기며, 또한 자기들의 신앙과 일치한다는 점에서 감격한 마음으로 받는 입장이므로 이때에 나의 간증이나 설교도 그들에게 유익이 된 줄로 생각한다.

어느 날 나의 실수로 미화 10불을 분실하고 그것 때문에 몇 시간 동안 괴로워하였다. 그러나 하나님의 은혜로 바로 깨달은 것은, 내가 돈을 잃고는 괴로워하면서도 영적 손해(믿음이 약해지거나 사랑을 못 가진 경우)에 대하여는 괴로워할 줄 몰랐던 나 자신의 우매함이었다. 그후 나는 그 돈에 대한 생각을 다시는 하지 않았다.

모친의 회심

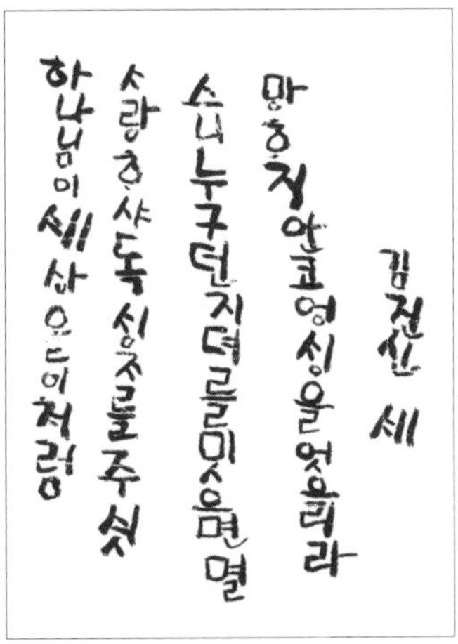

어머니의 친필 편지 | 요한복음 3장 16절 성구 |

나는 유학 중에도 간절한 마음으로 나의 모친이 회개하고 주님을 영접하시게 되기를 위해 계속 기도하였다. 마침내 그 기도가 응답되어 모친은 예수 그리스도를 믿을 뿐 아니라, 성경을 사모하여 그때부터 한글을 배워서 신구약을 일독하셨다고 한다. 구원의 은혜를 깨달은 어머니는 붓글씨로 요한복음 3장 16절의 말씀을 써서 미국에 있는 나에게 보내주셨다. 나는 그 글을 받고 너무나 기뻐서 하나님께 감사기도를 드렸는데, 그때의 감격은 지금도 생생하다.

그 당시에는 호적에 성명을 기재할 때에 여자들에 대해서는 이름은 없이 성씨만 기재하는 예가 많았다. 나의 모친의 성명란에도 "김씨"(金氏)라고만 적혀 있었다. 그러므로 내가 미국으로 떠나기 전에 모친의 함자를 "참 진(眞)", "믿을 신(信)"으로 지어 드린 바 있었다. 그렇게 지어 드린 것은, 모친께서 진실한 신자가 되시도록 기원하는 마음에서였다. 나의 이 마음을 아시는 어머니께서는 요한복음 성구 끝에 "김진신"이라고 적어서 보내 주셨다.

웨스트민스터신학교에 있는 동안 틈틈이 화란어를 자습하였다. 삼대 칼빈주의 신학자 중 두 사람(카이퍼, 바빙크)이 화란 사람이니, 그들의 신학 체계를 깊이 이해하기 위해서는 화란어를 공부하지 않을 수 없었다. 열심히 노력한 결과 화란어 주석과 교리학을 읽을 수 있게 되었다. 화란 학자들인 카이퍼, 바빙크, 크로솨이데, 크레다너스, 스킬더 등의 저서들을 접하게 되었고, 특히 바빙크의 개혁 교리학을 애독함으로 성경을 바로 해석하는 기쁨을 맛보게 되었다.

개혁주의란 무엇인가

개혁주의(칼빈주의)의 근본 원리를 말한다면 "성경을 바로 깨달으려는 주의"라고 말할 수 있다. 신자들이 흔히 "성경대로 … 성경대로"라고 말은 하지만 누구든지 실제로 성경을 바로 깨닫지 못했을 때에는 자기도 모르게 그 주장에 잘못된 내용이 들어 있을 수 있다. 그러나 개혁주의가 주장하는 것은, 성경을 믿되 성경을 바로 해석한 그 내용대로 믿는 것이 하나님의 뜻이라는 것이다. 그러므로 이것은 결국 성경주의이다. 우리가 성경을 성경의 본뜻대로 바로 해석하여 그대로 믿으며, 그 내용대로 실행할 때에 하나님께는 영광이 돌아가고 인류에게는 유익이 있다. 주님의 교회는 이 신앙 노선에서 참다운 발전을 하게 된다.

성경은 자초지종 초자연주의라고 말할 수 있다. 그 이유는, 성경의 첫 번째 책인 창세기 1장 1절의 말씀("태초에 하나님이 천지를 창조하시니라")과 성경의 마지막 책인 요한계시록 22장 20절의 말씀("이것들을 증언하신 이가 이르시대 내가 진실로 속히 오리라 하시거늘 아멘 주 예수여 오시옵소서")이 역시 초자연주의이기 때문이다.

무(無)에서 유(有)를 이루신 하나님의 창조 기사와, 하늘에 올라가신 예수님께서 다시 오셔서 이 세상을 심판하시고 자기 백성을 구원하시리라는 말씀, 곧 성경의 처음 말씀과 마지막 말씀이 초자연주의라고 하는 때에는, 그 책의 모든 말씀들이 다 초자연주의에 속한 것이라고 하는 말과 같다.

성경 가운데는 물론 도덕적인 부분도 있다. 그렇지만 성경의 도덕은 비기독교에서 말하는 도덕과 달라서 역시 초자연주의의 도덕이다. 다시 말하면 기독교의 도덕은 사람이 하나님 앞에서 옳게 행해야 된다는 것, 또 하나님이 주신 말씀(성경)대로 행해야 된다는 것이니, 이것이 역시 초자연주의이다. 그리고 사람이 잘못하면 하나님의 심판을 받는다는 것도 초자연주의이다.

그러므로 만일 성경에서 초자연주의를 빼놓고 기독교를 말해 보겠다고 한다면, 그것은 마치 돌집에서 돌을 다 빼버리고 집을 세워보겠다는 말과 같은 것이니, 그런 이론은 성립될 수 없다. 성경의 모든 말씀들은 다 하나님께서 이루어 가시는 초자연주의의 구원 운동이다. 그러므로 이 성경을 가감 없이 받아서 바로 해석하여 그대로 믿는 것이 개혁주의(칼빈주의)이다.

우리가 성경을 바로 깨닫고 바로 해석하게 되는 것은 주님의 은혜로 되는 것이지만 인간 편에서 해야 할 일이 따로 있다. 그것은 성경을 바로 깨닫고 바로 해석하기 위한 노력이다. 즉 성경 해석에 필요한 준비 공부를 착실히 해야 하며, 바른 기도 생활과 성경대로의 진실한 삶과 특히 성령님의 감화하심을 간절히 구해야 한다.

학문만 가지고 성경을 해석하려고 할 때에는 결국 인본주의로 기울어지기 쉽고, 인간의 합리성에 치우치게 되어 초자연 방면에 대한 믿음이 매우 약한 연구자가 되기 쉽다. 그같이 된 학자들의 성경 해석 문헌들을 읽어 보면 그런 내용이 환하게 알려진다. 그러므로 분명한 것은, 인간의 연구만 가지고는 안 되고 하나님의 은혜를 받아야 하며, 그 은혜 속에서 지식을 활용해야지 그렇게 하지 못하는 때엔 매우 천단한 데로 기울어지게 됨을 면할 수 없다는 사실이다

성경은 생명의 말씀이다. 그러므로 성경은 건조하지 않으며, 성경을 깊이 알면 알수록 그 심령에서는 찬송이 나오고, 설교가 나오는 법이다. 벵겔의 말과 같이 성경을 해석하는 일은 꿀을 짜내는 작업이다. 다시 말하면 우리가 성경을 깊이 알고 또 바로 알 때에 그 말씀은 우리에게 하나님이 하늘에서 주시는 생명의 양식이 된다. 이 은혜가 너무도 확실하기 때문에 결국 성경을 해석한다는 일은 꿀을 짜내는 작업이라고 말할 수밖에 없다.

나의 주석에는 전질 가운데 1,000여 편의 설교가 들어 있다. 그것은 성경을 깨달은 나의 심령에 기쁨이 있고 생명의 약동이 있어서 그 깨달은 진리를 설교로 증거한 것들이다.

내가 여러 주석가들의 글을 참고함으로 배운 바도 많다. 그러나 자유주의 진영에서 발행되는 성경 해석 문헌들을 읽어 보면 순전히 단어나 어구 풀이만 하고 그쳤는데, 그것은 성경의 한 방면만을 드러낸 것에 불과함으로 유감스럽다. 성경 해석에 있어서 영적 해석을 하지 않게 되면, 성경 자체가 요청하는 바 영적 방면의 증거를 외면하는 것이니 그런 해석은 불충분하다.

성경 해석은 문자적 해석과 영적 해석을 겸병하는 것이 세계 공통적인 해석 원리이다. 물론 영적 해석을 할 때에 사람의 생각대로 귀에 걸어 귀걸이 만들고 코에 걸어 코걸이 만드는 식의 성경 취급 방법은 절대 금물이다. 영적 해석이란 것은 문자적 해석을 하는 가운데서 종합적 해석을 하게 되고, 그 본문이 정확하게 의미하고 있는 진리를 바로 찾아낼 때에 그것이 영적 해석이 되는 것이다.

숭실전문학교 시절 교수인 해밀턴(F. E. Hamilton) 선교사를 통해 메이첸에 대하여 듣고 존경하게 되었고 미국 유학을 통해 직접 그에게 배웠다. 55세의 나이로 소천한 메이첸을 추모하기 위한 기념 촬영([윗줄 좌로부터] 이유택, 박윤선, 방지일, 김석주, [아랫줄 좌로부터] 박기환, 김인서), 1937년

제3부 교수와 저술

신학은 성경을 교리적으로 사색하는 학문이다. 물론 이것은 특수한 학문이라고 할 수 있는 신앙적 학문이다. 따라서 신학의 근거와 규준은 성경뿐이다. 그럼에도 불구하고 신학자들 중에는 신학을 말함에 있어서 인간의 철학에 근거하는 이들이 있다. 위기신학(Crisis Theology)이 그러했고, 재해석운동(New Hermeneutics)이 그러했다. 성경은 성경의 원리에 의하여 해석되어야 한다는 것은 교리적인 사색에서도 지켜져야 한다.

신학자들은 성경의 교훈대로 순타율주의(純他律主義)에서 말해야 한다. 신학자에게도 "내가 말한다"라는 위치가 전혀 부여되어 있지 않다. 그는 다만 "여호와께서 말씀하시기를"이라고 하면서 하나님의 말씀을 수종들어야 할 위치에 있을 뿐이다. 그러므로 계시의존사색(啓示依存思索)만이 그의 지켜 나갈 궤도이다.

신학자는 단순한 연구자가 아니고 하나님의 청지기이다. 따라서 그의 직무 수행에 있어서 그 스타일조차도 섬김의 성격을 나타내야 한다. 그런데 자칫 잘못하면 신학자들이 학자로서의 교만(academic pride)을 풍기게 되기 쉽다. 신학도 일면 학문이니만큼 그 표현에 있어서 학문상 전문 술어를 사용하지 않을 수 없다. 그렇지만 그는 그 논술의 스타일에 있어서도 무언 중 자아 주장을 풍겨서는 안 된다.

신학 운동은 학문 운동이 아니고 하나님을 높이는 운동이다. 이 일은 사람의 힘으로 할 수 없고 하나님의 능력으로만 할 수 있다. 그러므로 이 운동은 동시에 기도 운동이어야 한다. 기도 없는 연구 작업은 마침내 인본주의로 떨어지게 된다. 참된 기도로 뒷받침하는 신학 연구는 동시에 경건의 능력을 소유한다.

"성경과 신학"에서

1 핍박 받던 시절 1936-1945

평양 장로회신학교 강사

나는 웨스트민스터신학교에서 신약학 석사 과정(Master of Theology)을 마치고 1936년 8월에 귀국하였다. 고향에 계시는 모친을 문안한 후 가족과 함께 평양에 거주하며 평양 장로회신학교에서 성경 원어 강사로 약 2년간 일하였다.

동시에 총회의 표준성경주석 편집부에서 일하면서, 고린도후서 주석을 저술하여 기고하였다. 이때에 편집부장은 박형룡(朴亨龍) 박사였고, 사무실은 평양 장로회신학교 하층에 있었다.

그 당시 평양의 유일한 여자 성경학교였던 고등성경학교

에 시간 강사로 나가 성경을 가르치기도 하였다.

이차 유학

그 후에 나는 원어학과 변증학을 더 연구할 목적으로 1938년 8월에 웨스트민스터신학교로 다시 갔다. 그곳에 1년여 머물면서 밴틸(C. Van Til) 교수의 지도를 받으며 변증학을 연구하였다.

그분의 변증학은 특징이 있으니, "하나님을 아는 길은 성경뿐이다. 자연계를 보고도 하나님을 알 수 있지만 불신자는 자연계를 보고도 깨닫지 못한다. 불신자도 오직 성경으로만 하나님을 알게 된다. 그러므로 무조건 성경으로 하나님을 증거할 때에 성령께서 그 듣는 사람의 마음을 열어 주셔야만 그가 비로소 하나님을 알게 된다"고 하는 원리이다.

다시 말하면 하나님을 아는 길은 오직 믿음의 방법밖에 없다는 것이다. 죄로 어두워진 인간은 자신의 이성이나 다른 어떠한 방법으로도 결코 하나님을 알 수 없고 그는 오직 하늘에서 오신 예수 그리스도를 믿음으로만 하나님을 알게 된다. 그 이유는, 그리스도는 하나님의 아들이시기 때문이다.

그리스도는 우리의 구원자이시요, 창조자이시요, 섭리자

이시요, 심판자이시다. 마태복음 1장 21절을 비롯하여 성경에 예수님이 우리의 "구주"라는 말씀이 많이 있고, 요한복음 1장 3절을 비롯하여 성경에 그리스도께서 창조자이심을 증거하는 말씀이 얼마든지 있다. 또 그리스도께서 심판자로 오시기 전에 섭리적으로 이 세상의 만물을 다스리시며 유지하시는데 이 사실을 보여주는 구절들이 히브리서 1장 3절을 비롯하여 성경에 많이 있다. 그리고 요한복음 5장 27절을 비롯하여 그리스도께서 심판자이신 사실도 성경에 많이 있다.

이 무렵 제2차 세계 대전이 터졌다. 나는 공부를 마치고 1939년 10월 경 동경까지 와서 그곳에 머물며 표준성경주석의 일(데살로니가전후서 주석, 골로새서 주석 집필)을 계속하다가 1940년 3월에 귀국하였다.

만주신학교 교수

만주 봉천(현 심양)에 있는 우리 교포 교회(장로교회)들이 신학교를 세우려고 추진하면서 나를 초청했으므로 나는 일본에서 돌아오자마자 가족과 함께 봉천으로 갔다.

그 해에는 약 시오 리(6km) 가량 떨어진 곳에 있는 우지황

교회(현 심양서교교회)를 맡아 목회하면서 동시에 베자상교회에서도 격주로 설교를 담당하였다. 이 해에 나는 봉천노회에서 목사 안수도 받았다.

그 다음 해(1941년)에 봉천 북능(北陵) 지역에서 문을 연 만주신학교에서 나는 신약학을 가르치면서 초기에는 히브리어와 헬라어도 가르쳤다. 이 때에 정상인 목사(1894-?)가 교장으로 수고하셨고, 또 박형룡(朴亨龍) 박사께서 일본에서 이 신학교에 오셔서 함께 가르치셨다.

이 시대에 본국 교계는 신사참배 문제에 휘말려 심히 어지러운 국면에 놓여 있었고, 좀 새롭게 나아가려던 만주 교계에까지 그 신사참배의 바람이 불어와서 점점 어지러워졌다. 그러므로 나는 신사참배 문제와 타협하고 나아가는 교계에서 탈출하려고 기회를 찾았고, 조용한 곳에서 성경 주석 저술에만 전념하기로 작정하였다(나도 신사참배를 한 번 했으므로 회개하는 심령으로).

신앙은 위기를 그 보금자리로 택한다. 신앙은 아무 것도 없는 폐허에서 자리를 잡는다. 주님과 신앙 사이에는 아무것도 개재하면 안 된다. 신앙은 이 세상에서는 고독의 잔을 달게 마신다. 그러나 신자들도 종종 이 세상에 미혹되어 교회 시설이나 운동으로 나타난 자기의 업적으로 기뻐하며, 인기와 명예의 두루마기를 입기 좋아하며, "성공했다"는 역사의 칭송을 얻고자 한다. 그들도 하늘에서 받을 생명의 면류관보다 세상 영광을 좋아한다.

그러나 그것은 세상에 미혹된 마음에서 일어나는 일이다. 우리는 예수님처럼 우주보다 큰 의(義)를 위하여 가시관을 쓰지 못한다 할지라도 지극히 작은 의를 위해서라도 가시관 쓰기를 기뻐해야 한다. 그 이유는, 세상이 씌워주는 면류관을 좋아하는 마음은 신앙을 죽이는 것이고, 고독과 가시관은 오히려 신앙을 살리기 때문이다. 지극히 작은 의를 위해서 당하는 고독은 교회적 사업 성공에 따르는 인기나 명예를 즐김보다 낫다. 인기나 명예의 두루마기는 신앙의 생명을 탈취하는 거머리와 같은 흉물이다.

우리는 날마다 위기 속에서 살아야 한다. 우리는 날마다 죽음을 등에 지고 다녀야 한다(참조. 고후 4:10-11). 히브리서 13장 13절의 말씀대로, "우리도 그의 치욕을 짊어지고 영문 밖으로 그에게 나아가"야 한다. 우리는 스스로 되었다는 거짓된 판단을 물리치고 자체 안에 각성을 일으키자! 특별히 안전하다는 나의 지반, 기타 보이는 우상 되기 쉬운 소득이나 울타리에 미혹되지 말고 도리어 그것들을 내어던져도 좋다는 마음을 참되이 가져야 한다. 나는 나 자체의 "안전한 자리"에 돌을 던져야 산다. 그것만이 참된 삶이다. 그것만이 주님을 모시는 삶이다.

성경 주석 저술 시작

1943년에 나는 만주신학교를 사임하고 봉천에서 약 이백 리(80km) 떨어진 안산(鞍山)으로 내려가 성경 주석 저술에 몰두하고 있다가 8·15 해방을 맞이했다.

한동안 계노순(桂魯純) 집사(진실한 성도, 믿기 전에는 요술쟁이였음)의 집에 머물면서 요한계시록 주석을 탈고하고, 시편 주석 일부와 공관복음 주석 일부도 저술하였다. 때로는 봉황산(鳳凰山) 계곡으로 들어가 낮에는 바위 위에 앉아서 공관복음 주석을 집필하기도 하였다. 후에 안 것이지만 그 산중은 마적(馬賊)이 출몰하는 곳이라고 하였다. 나는 그것도 모르고 위험한 곳에 있었지만 주님이 지켜주셨으므로 무사하였다.

한국 교회에는 그때까지 성경 주석이나 성경 해석에 필요한 문헌이 빈핍했으니만큼 부족한 나로서도 주석 집필에 뜻을 가지게 된 것이다.

1945년 8월 15일, 우리나라는 일제의 탄압에서 해방되었다. 나는 봉천에 있던 가족과 함께 그 달 27일에 봉천을 떠나 한국으로 돌아왔다. 고향에 약 6개월간 머물러 있었으나, 38선 이북의 정세는 공산주의로 굳어진 것이 사실이므로 나로서는 월남할 뜻을 가지게 되었고, 가족과 함께 38선을 넘어 서울로 왔다. 이때 나의 소원은 신학 교육과 주석 집필을 자유롭게 하는 것이었다.

2 부산 고려신학교 시절

1946–1960

고려신학교 개교

나와 가족이 서울에 도착한 때는 1946년 3월 1일이었다. 이태원에서 두어 달 지내고 5월에 한상동(韓尙東, 1901-1976) 목사의 초청으로 신학교 설립을 위해 부산을 경유하여 진해로 내려갔다. 6월 하순에 진해교회의 예배 처소(해방 전 일본 해군이 사용하던 건물)에서 신학 강좌를 개최하였는데, 한상동 목사와 주남선(朱南善, 1988-1951) 목사 두 분께서 주축이 되어 두 달 동안 운영해 나갔다. 이때에 60여 명의 수강생이 참석했으며, 나는 신학 강의를 하는 한편 진해 경화동교회의 설교도 몇 달 동안 담당하였다.

그 해 9월 20일에는 '고려신학교'란 명칭으로 부산에서 개교하였다. 이 학교의 신학 노선은 칼빈주의이다. 설립자는 주남선 목사와 한상동 목사인데, 이들은 출옥 성도이다. 즉, 일제가 강요했던 신사참배를 반대하고 투옥되었다가 6-7년간의 옥고 중에 8·15 해방을 맞아 출옥한 분들이다.

초대 교장으로 내정된 박형룡 박사의 귀국(당시 만주 체류)이 늦어짐으로 인하여 부족하나마 내가 교장서리와 교수로서 주경신학은 물론, 조직신학과 성경신학, 그리고 성경 원어도 담당하였고, 한상동 목사께서 목회학 교수로 수고하였다. 그리고 한명동(韓明東, 1909-2001), 이상근(李相根), 박손혁(朴遜赫, 1901-1968) 목사 세 분은 강사로 협력하였다.

고신 개교 전에 만주에 계신 박형룡 박사를 모셔오기 위해 남영환 목사(1915-2008, 당시 전도사)가 교섭위원으로 선정되었으나 당시 유행했던 콜레라에 걸려 그 일을 성취하지 못했던 것이다.

어려운 이 시점에 미국 선교사 네 분이 가담하여 신학교 강의를 시작한 일은 큰 힘과 위로가 되었다. 한부선(韓富善, B. F. Hunt, 1903-1992) 선교사는 한국과 만주에서 선교 활동 중 신사참배 문제로 투옥되었다가 본국으로 추방되었고, 마두원(馬斗元, D. R. Malsbary, 1899-1977), 최의손(崔義遜, W. H. Chisholm), 함일돈(咸日頓, F. E. Hamilton) 선교사는 한국에서 선교 활동을 하다가 본국으로 추방되었다. 해방 후에 이들은 모두 한국으로 다시 돌아온 것이다.

세 분 선교사는 강사로 협력했고, 한부선 선교사는 교수로서 여러 방면으로 협력하였다. 무엇보다도 그는 우리에게 귀한 교훈을 주었으니, 그것은 그 자신이 언제나 진실주의를 몸소 실행으로 가르친 사실이다.

신학교가 처음에는 부산진에 있는 금성중학교 교실 하나를 빌려서 한 학기 동안 사용하였고, 둘째 학기에는 초량교회 부속 건물로 옮겨서 그 학기를 지낸 후, 광복동에 있는 큰 건물을 구하여 여러 해 동안 교사로 사용하였다.

고려신학교의 설립 목적이, 과거 신사참배에 동참했던 한국 교회의 과오를 회개하고 교계 정화를 이루기 위함이었으므로 신학교는 "성경 중심, 진실 위주, 성령의 감동과 인도하심을 받자"고 하는 주장으로 힘차게 나가고 있었다.

당시 장로교 안에는 1940년에 자유주의 신학자들이 세운 조선신학교(현 한신대학의 전신)가 서울에 있었다. 이 신학교는 우선 성경관에 있어서, 성경에 오류가 없다는 칼빈주의 입장을 지키지 않는다. 이로 인하여 한국 장로교 안에는 성경관에 대한 논쟁이 일어났다.

고신 개교 다음 해 송상석(宋相錫, 1896-1980) 목사는 박형룡 박사를 모셔오기 위해 험난한 길을 무릅쓰고 만주로 건너

가서 그 해 9월에 박 박사 일가족을 모시고 무사히 서울로 돌아왔다. 한국 교계의 지도자요 신학자이신 박 박사께서는 귀국 후 10월 14일에 고려신학교 초대 교장으로 취임하였다.

이 무렵, 서울 조선신학교 학생들이 자유주의 신학을 반대하여 그 학교를 자퇴하였는데, 그 자퇴 학생 34명이 박 박사와 함께 부산으로 내려와 고신에 편입하였다.

그 다음 해 봄 학기에 박 박사께서는 서울에 신학교를 설립하실 뜻을 가지고, 고신을 사임한 후 상경하여 남산에 장로회신학교를 세웠다. 그의 주장은 한국 장로교 전체에 바른 신학을 가르치려는 목적이었으므로 그가 그렇게 하신데 대해 나는 경의를 표한다. 이때 서울에서 내려와 편입하였던 학생들 전원이 박 박사와 함께 고신을 떠나갔다.

고신은 설립 목적을 관철하기 위하여 부산에서 계속 기반을 닦았다. 개교 2년 후에 이상근(李相根) 목사와 김진홍(金鎭鴻, 1906-1988) 목사께서 교수로 취임하여 이 목사는 조직신학을 가르치고, 김 목사는 구약학, 히브리어를 가르쳤다. 몇 해 후에 고신운동을 지원하는 교회들이 교단을 형성하는 단계에 이르렀고, 신학교는 주한 미군 군사원조단(A.F.A.K.)의 물자 원조와 북미주 개혁장로교회(Christian Reformed Church) 교단의 후원, 그리고 지교회들의 헌금으로 암남동에 교사를 신축하고 1956년 봄에 광복동에서 그곳으로 옮겼다. 이리하여 칼빈주의 신학에 입각한 회개 운동은 뿌리를 내리게 되었다.

해방 후 한국 교계는 교회와 교인들의 수가 계속 증가되고 있었으나 개혁 교회의 특징이라고 할 수 있는 성경 교육, 다시 말하면, 일반 교우들에게 성경을 체계적으로 가르쳐서 진리를 깨닫게 하는 그 작업이 제대로 이루어지지 못하고 있는 실정이었다. 다만, 지교회들이 해마다 몇 차례 사경회를 하거나 또는 부흥집회를 하는 정도였다.

따라서 교계에 그릇된 신비주의 운동과 방언 운동이 각처에 일어났고, 다른 한편으로는 탈선한 지도자들이 일어

고신대학교 시절(한상동, 박윤선, 한부선, 박형룡), 1947년

나 부흥집회를 인도하면서 그릇된 교훈을 퍼뜨렸으니, 박태선의 전도관 운동이 그 중의 하나이다. 그가 여러 교회들과 또는 옥외에서 집회를 인도하면서 전국으로 다닐 때에 교계의 지도자들 중에는 한때 상당수가 그를 지지한 적도 있었다. 그렇지만, 이 때에 칼빈주의를 굳게 지키며 말씀 운동을 힘쓰고 있었던 고려측에서는 박태선 운동을 처음부터 외면하였다.

회개 운동

1950년 6·25 동란이 발발하기 전에 고려신학교에는 큰 회개 운동이 일어났다. 그런 일은 오직 성령님의 감화와 감동하심으로 말미암아 이루어진 것이 확실하다.

이른 봄 어느 날 경건회 시간에 설교 담당이었던 나는 요한복음 21장 15-17절의 말씀을 읽고, 주님이 베드로에게 하신 말씀("요한의 아들 시몬아 네가 이 사람들보다 나를 더 사랑하느냐")을 근거로 하여 설교한 후에 학생들 중에서 누구든지 한 사람 일어나 기도하라고 말하였다. 이때 어느 학생이 일어나서 기도하였다. 그의 기도는 참으로 눈물겹고 진실한 내용이었다.

그 기도가 끝나자마자 곧이어 다른 학생이 간절한 마음으로 회개의 기도를 하였고, 또 그 뒤를 이어 많은 학생들이 연속해서 기도했으므로 그 장내 전체가 기도의 분위기로 꽉 차게 되었다. 그런고로 학교측에서도 강의를 전폐하고 학생들의 기도가 중단되지 않도록 협력하였다. 학생들은 통회하는 마음으로 저마다 앞에 나아가 죄를 자복했고, 상상도 못할 죄까지 숨김없이 모두 토해냈다. 그것은 사람 앞에 죄를 고백함이 아니라, 하나님 앞에 자백함이었다. 그 분위기는 눈물, 기쁨, 사랑으로 충만하였었다.

학생들의 자복하는 기도는 종일 이어졌고, 그 기도회는 한 주간이나 계속되었다. 이 기도 운동이 고려고등성경학교(부산 부민동 소재)에서도 일어났고, 점점 퍼져 고려측 교회 전체에 큰 영향을 미쳤다고 생각한다.

한국 땅에 환난이 이르기 전에 이처럼 회개 운동이 일어난 것은 우연한 일이 아니라, 하나님께서 우리로 하여금 환난을 대비하도록 하신 귀한 섭리였음을 후에 알게 되었다.

그후 두어 달 지나서 6·25 동란이 일어났고, 국군의 후퇴작전으로 인하여 많은 피난민들이 각지에서 부산으로 모여들었다. 그러므로 부산은 어디나 피난민으로 꽉꽉 차는 형편이었으니, 그때의 정황은 참으로 눈물겨웠다. 광복동의 고신 교사도 한동안 피난 교역자들의 수용소가 되었고, 초량교회당에도 피난 교역자들이 많이 수용되어 있었다.

우리는 피난 동포들을 도우려고 그들이 수용된 곳곳을 찾아다니며 복음을 전하였다. 특히 최의손 선교사와 함께 포로수용소를 찾아다니며 설교를 많이 하였다. 최의손 선교사는 개인 전도에 있어서 용사였다. 그는 피곤함도 잊은 채 거의 매일 포로수용소를 찾아가서 복음을 열심히 전하였다.

이때에 신학교 교수들과 이사들은 여러 지방들을 순회하면서 그 곳 교회에서 회개의 집회를 인도하 였다.

특별히 그해 9·28 수복이 있기 전에 초량교회당에서 열렸던 피난 교역자 부흥회를 나는 잊을 수 없다.

초량교회 담임 목사이신 한상동 목사를 비롯하여 몇 분과 의논한 결과 마침내 좋은 결정이 이루어졌으니, 그것은 전국 피난 교역자 부흥회를 열자는 것이었다. 집회 기간을 한 주간으로 정하고 집회를 개최하였는데, 그 집회의 목적은 교역자 자신들의 자아 반성에 따른 회개를 위함이었다. 강사로는 박형룡 목사, 김치선 목사, 그리고 나도 함께 협력하게 되었다. 우리는 매일 새벽 기도회와 낮 성경 공부, 그리고 저녁 집회를 인도하였다.

실상 일제 말기에 한국 교회 대부분의 신자들은 핍박 속에서 신앙의 충절을 지키지 못하였다. 하나님의 은혜로 제2

차 세계대전이 끝나고 한국은 해방을 맞이했는데, 이 시점에 있어서 교회의 성결성(聖潔性)을 아는 이들은 자타의 회개를 주장하지 않을 수 없었다.

이때 집회 시간마다 하나님의 은혜가 풍성히 임하였고, 처음에는 찬성하지 않던 이들도 점차 가담하게 되었다. 사흘째 되던 날 새벽으로 기억되는데, 그 시간에 참석한 교역자들이 거의 대부분 크게 통회하며 자복하는 회개를 하기 시작하였다. 그 뼈아픈 회개는, 각자가 과거 일제의 핍박시에 신사참배를 한 그 죄로 인한 것이었다.

이 날, 새벽 기도회 담당이었던 나는 설교 도중, 한부선 선교사의 신사참배 반대 투쟁에 대해, 즉 그가 총회 석상에서, 만주에서, 옥중에서 목숨을 아끼지 않고 싸운 사실을 증거하였다. 그 시간에 나는 한부선 선교사에게서 직접 들었던 말을 거의 그대로 소개하였는데, 한 선교사의 증언은 다음과 같다.

한부선 선교사 증언

나(한부선)는 아메리카 장로회에 가입한 후 한국의 충북 청주에서 선교하였다. 그 해 늦은 가을에 나는 만주 하얼빈시를 선교지로 삼고 그리로 이거한 후 충청노회에서 받은 천서를 만주 봉천노회에 제출하여 그 노회에 입회되었다. 그러므로 나는 1938년 조선 예수교장로회 제27회 총회에 봉천노회 총대로 참석하게 되었다. 그 해의 총회 장소는 평양 서문밖교회 예배당이었다.

총회 개회 전에 다른 선교사들과 함께 나는 평양 경찰서의 호출을 받고 그 곳에 갔다. 그때 서장이 우리에게 말하기를, '금번 총회에서 신사참배 문제가 거론될 터인데 선교사들은 침묵하고 아무 말도 하지 마시오.' 하고는 그 말을 들었다는 증표로 우리의 서명(sign)을 요청하였다. 그렇지만 우리는 그 요청을 거절하였다.

우리 선교사들은 금번 총회에서 신사참배 문제가 논의될 것에 대비하여 그것이 가결되지 못하도록 막으려고 반대 발언의 순서를 미리 작정한 바 있었다. 곧, 방위량(邦緯良, W. N. Blair) 선교사가 먼저 반대하고, 권세열(權世烈, F. Kinsler) 선교사가 재청하도록 한 것이다.

예정대로 총회는 개회되었다. 신사참배 문제가 나오기 전에 방청인들은 모두 퇴장당했고, 사복 형사들이 총회원들을 포위하듯 자리를 잡고 앉아 있었다. 회의장 출입문에는 무장한 경관들이 배치되었으며, 경찰서장과 도경찰부장이 미리 준비된 특별석에 앉아서 총회원들을 정면에서 감시하고 있었다. 이 같은 삼엄한 공포 분위기 속에서 신사참배를 가결하는 총회원들의 동의와 재청이 있었다. 이때에 방위량 선교사가 반대 발언을 하기 위해 자리에서 일어나 언권을 청하였더니, 형사들이 일어나서 방 선교사에게 앉으라고 명령하였다. 총회장은 언권 청원을 거절하면서 '선교사들은 침묵해 주시오'라고 권고하였다. 방 선교사는 할 수 없이 '항의합니다.' 하고 앉았다. 이어서 권세열 선교사께서 일어났으나 또 언권을 얻지 못하고 '항의합니다.' 하고 앉았다.

나는 이 장면을 보고 참을 수가 없어서 일어나 언권을 청하였으나 두 선교사들과 같은 취급을 받았다. 그리하여 나도 '항의합니다.' 하고 앉았다. 이어서 다른 선교사들도 일어나서 한결같이 '항의합니다.' 하고 앉았다.

회장은 앞에 있었던 재청에 대하여 가부를 묻는 순서에서 가편(可便)만 묻고 부편(否便)은 묻지도 않았다. 회장이 가편을 물었을 때에 회원들의 대답하는 목소리가 매우 미약하였음에도 불구하고 그는 부편에 대해서는 묻지도 않고 그대로 '신사참배하기로 가결되었습니다'라고 선언해 버렸다. 이 날이 9월 10일이었다.

나는 이 같은 불법적인 결의를 보고 항의하려고 일어났으나 이 때도 거절당했다. 그런데, 어떤 목사는 언권을 받고 일어나 말하기를, '금번 결의는 잘 되었습니다'라고 하는 것을 보았다. 이처럼 한편에만 언권을 주고 다른 한편의 발언은 금지시키는 불공평한 처사를 보고 나는 참을 수가 없어서 '규칙이요!' 하고 일어났더니, 회장이 내게 언권을 주었다. 나는 일어나서 '왜 동일한 총대권(總代權)이 있는 나에게 언권을 안 줍니까'라고 말하려 하는데, 형사 5-6명이 내게로 달려와서 나를 붙잡고 회의장 밖으로 끌어내려 하였다. 이때 경찰서장과 경찰부장이 형사들을 금지하니 그들이 나를 놓아주어서 나는 내 자리로 돌아와 법적 항의를 할 수 있는 기회가 오기를 기다렸다.

그 날 폐회하기 전에 우리 선교사들은 신사참배에 대한 총회의 가결이 세 가지 이유로 불법이라는 항의문을 작성하여 총회 서기에게 제출하였다. 그 항의문은 다음과 같았다.

신사참배 가결은 첫째, 하나님의 말씀을 위반하는 것이다. 둘째, 장로교 헌법과 규칙을 위반하는 것이다. 셋째, 일본 국법의 종교자유 헌장을 위반하는 것이다.

그 후에 경찰서에서 우리 선교사들을 호출하여 우리에게 그 항의문을 취소하라고 했으나 우리는 그것을 취소하지 않았다.

그 해에 만주에는 종교통제법안이 새로 생겼는데, 당시 만주 선교에 헌신하고 있던 존 보스 선교사가 그 법안을 연구한 결과 그것은 장로교 신앙으로는 복종할 수 없는 몇 가지 요소들을 포함한 것이었다. 그러므로 나는 다음과 같은 여섯 가지 이유로써 그 법안을 받을 수 없었다.

(1) 그리스도께서만 교회의 왕이시니 그리스도 외에 누가 교회를 통제할 수 있으랴! 그러므로 우리는 종교통제법을 복종할 수 없음.

(2) 그 법대로 교회 설립 허가 제도를 양심적으로 복종한다면, 우리가 모이기를 힘쓰라는 하나님의 말씀(참조. 히 10:25)을 자유롭게 순종할 수 없게 되므로 승복할 수 없음.

(3) 그 법에 대하여 양심적으로 승인한 자라면, 하나님의 진리에 대한 신앙고백과 전파와 찬송과 기도(이 일들은 하나님께서 명하신 것임)의 자유를 내어 던짐이 된다. 그러므로 그런 무서운 법을 기독 신자로서 승복할 수 없음.

(4) 그 법대로 교회 설립 허가원에 대표자의 이름이 기록된다면, 만일 그 대표자가 권징 받을 죄를 범했을 경우에도 정부의 허가가 없이는 그를 징계할 수 없게 되므로 승복할 수 없음.

(5) 그 법대로 한다면, 교회가 설립 인가를 얻으려 할 때 일정한 재정 예산을 세우도록 되었으니, 그것은 교인들의 헌금 자유 원칙을 파괴하는 것이므로 승복할 수 없음.

(6) 교회는 신자들이 자유롭게 세울 수도 있고 또 자유롭게 해산할 수도 있는 것인데, 그 법은 이 자유를 제한하는 것이므로 승복할 수 없음.

1939년 춘계노회 때인 듯하다. 나는 봉천노회원으로서 지난 해 총회의 신사참배 결의를 취소하도록 총회에 헌의하자고 동의하였다. 그런데, 노회는 이 동의안을 부결하였고, 그 해 가을노회에서는 내가 섬기는 하얼빈교회를 종교법대로 정부의 허가를 받지 않았다고 하여 나의 당회장권을 정지시켰다. 당회장권을 허락하는 여부는 물론 노회의 권한이다. 그렇지만, 그 노회가 나에게서 당회장권을 회수하는 이유가 비진리와 타협하려는 것이었으므로 그것이 나에게 고통을 주었다.

나는 더 이상 그런 노회와 함께 일하기 어려운 입장에 놓였으므로 노회 명부에서 나의 이름을 삭제해 줄 것을 청원하였다. 그리하여 그 다음 해 봄 노회 때 나의 이름이 삭제되었다.

나의 이름이 노회에서 삭제되기 전 해에 나는 총회에 참석할 수 있는 총대 자격이 내게 있었으므로 이번에는 총회에 가서 반드시 작년의 신사참배 결의를 취소하도록 항의하기로 결심하고, 하얼빈에서 떠났다. 그런데, 안동(압록강 접경)까지 갔다가 여권 시효가 지났다는 이유로 조선에 입국하지 못하고 하얼빈으로 돌아갔다.

그 후에 들은 대로 총회에서는 신사참배 결의를 취소하기는커녕 그 결의를 더욱 확고히 하였다는 것이다. 그러므로 나는 내가 관계하던 하얼빈교회 앞에 분명히 말하기를, '나는 종교법을 반대한 일로 인하여 노회와 갈라졌으며, 또 나는 신사참배를 반대하기 때문에 조선 예수교장로회와 갈라집니다.' 하여 나의 신앙 입장을 밝혔던 것이다.

이상은 한부선 선교사께서 나에게 친히 말씀해 주신 내용이며, 또한 내가 피난 교역자 부흥회 셋째 날 새벽 설교 때 증거한 내용이다. (내가 여기에 그 때의 일을 이처럼 자세히 소개하는 이유는, 그 집회에 나타난 말씀 증거의 성격이 어떠하였음을 어느 정도나마 알리기 위함이다.)

이 사실을 듣고 그 자리에 참석했던 교역자들이 한 사람씩 한 사람씩 회개하는 기도로 이어져서 그 집회 분위기는 더욱 뜨거워졌다. 이때에 성령의 도우심으로 설교하는 나 자신부터 내 죄를 회개하면서 증거하게 되었으니 감사한 일이었다. 즉, 나도 단 한 번이지만 신사참배를 한 범과가 있으므로 나는 언제나 그 일로 인하여 원통함을 금할 수 없었는데, 이때에 그 죄를 회중 앞에 공적으로 고백하였던 것이다.

그 집회의 마지막 날이 다가올 때 거기에 참석했던 교역자 일동이 한 주간 더 연장하기를 원했으므로 이번에는 울산과 온산 지방에 머물러 있던 교역자들을 모셔와 그들도 함께 참석한 가운데 집회를 계속하니, 시간시간 은혜가 더욱 풍성하였다.

그 다음에는 울산, 온산에서 집회를 열게 되었다. 그곳은 전선이 가까운 지역이므로(당시 낙동강 북방에서 격전 중이었음) 인심은 더욱 긴장되어 있었다. 그 집회에서도 큰 회개 운동이 일어났다.

그 당시 제주도에도 무수한 피난민들이 모여 살았다. 나는 한상동, 이학인 두 목사와 함께 제주도로 내려가 서부교회당에서 피난 교역자들을 위한 집회를 한 주간 인도하였다. 이 집회에서도 큰 회개의 역사가 일어났다.

우리 하나님께 감사와 찬송을 드리는 것은, 이처럼 교역자들의 통회, 자복의 회개가 있은 후에 유엔군이 승리하고, 공산군은 38선 이북으로 물러가게 된 사실이다. 회개의 사건에 뒤이어서 승전한 것은 참으로 우연한 일이 아니라, 하나님께서 그의 능력으로 도와주신 결과이다.

6·25 사변 전에 나는 공관복음 주석을 발행해 보려고 원고를 서울에 보낸 바 있었다. 전쟁 중에 그 원고가 어떻게 되었을까 걱정되기도 했었는데, 원고를 맡았던 안용준 목사가 잘 보관했다가 나에게 돌려주었다. 그 원고를 다시 내 손에 가지게 되었을 때에 나의 기쁨은 참으로 컸다.

화란 유학

칼빈주의 신학 처지에서 일관성 있게 주석을 저술하려면 칼빈주의 신학 지식이 우선적으로 필요하다. 내가 웨스트민스터신학교에서 칼빈주의 신학을 재정비하게 된 것이 성경 주석 저술에 실제적으로 큰 도움이 되었다.

나는 신학을 더 연구할 목적으로 1953년 10월에 화란 자유대학으로 갔다. 그곳에서 유학하던 중 54년 3월에 나는 뜻밖의 비보를 받고 즉시 귀국하였다. 내 나이 49세 때 미성년 5남매를 남겨두고 아내(金英善)가 교통사고로 별세한 것이다. 나는 애통한 마음으로 이 문제를 하나님 앞에 내어 놓고 통곡하였다. 가정은 말할 수 없이 비참해졌다. 하나님의 도우심으로 근근이 6개월을 지내고 가정을 다시 세워 나가기 위하여 그 해 10월에 현재 내조하고 있는 아내(李和主)와 재혼하였다.

나의 화란 유학 기간은 길지 못했고 어려움이 많았지만 그 때의 연구 결과는 매우 유익한 것이었다. 화란 유학이 아니었더라면 신구약 주석 저술에 있어서 진리를 깨닫는 데 부족한 점이 많았을 것이다.

나는 어느 때나 성경 주석 집필을 쉬지 않았다. 내 마음은 언제나 성경에 머물러 있었고, 내 머리는 성경 연구와 사색으로 골몰해 있었다. 때로는 펜을 들 수 없을 만큼 심적 고통을 겪기도 하였지만 그런 때에도 집필을 중단하지 않고 계속하게 되었던 것은 참으로 하나님의 은혜였다고 생각한다.

그때나 이때나 나는 나의 하는 일에 너무 열중하다 보니 가정을 잘 돌보지 못하였다.

성경주석 발행

1960년, 성수 주일(聖守主日)에 대한 의견 차이로 말미암아 나는 그 당시 고신 이사회의 요구에 응할 수 없었으므로 그 해 가을에 학교를 떠날 수밖에 없었다.

고신에 몸담고 있었던 14년 동안에 탈고한 성경주석은 25권이다. 이것을 일곱 권으로 편집하여 발행하였다. 곧, ① 공관복음 주석(마태·마가·누가 복음 주석), ② 로마서 주석, ③ 요한계시록 주석, ④ 바울서신 주석(갈라디아서·에베소서·빌립보서·골로새서·데살로니가전후서·디모데전후서·디도서·빌레몬서 주석), ⑤ 히브리서, 공동서신 주석(히브리서·야고보서·베드로전후서·요한1서·요한2서·요한3서·유다서 주석), ⑥ 시편 주석, ⑦ 요한복음 주석이다.

고려신학교에서 떠난 나는 가족과 함께 임시로 부산 동래구 장전동에 거처하면서 전부터 집필하여 오던 사도행전 주석을 탈고하였고, 다음 해에 서울에서 발행하였다.

김애련사모

3 총회신학교 시절

1961–1979

동산교회 목회

1961년 1월에 서울 서대문 동산교회에 부임하여 3년 동안 목회하였는데, 하나님의 은혜로 말씀에 굳게 서는 교회를 이루게 되었다. 이 교회는 나의 일생에 잊을 수 없는 위로와 사랑의 산실이 되었다고 생각한다. 그 이유는, 그 교회가 개척 교회이니만큼 많은 노력을 기울였으며, 목회하는 동안 나 자신이 큰 은혜를 받았기 때문이다.

동산교회를 목회하면서 탈고한 성경주석은 15권인데, 이것을 세 권으로 편집하여 발행하였다. 곧, ① 고린도전후서 주석, ② 소선지서 주석(호세아서 · 요엘서 · 아모스서 · 오바댜서 · 요나서

동산교회 시절 가족과 부교역자들, 1961-1964년

· 미가서 · 나훔서 · 하박국서 · 스바냐서 · 학개서 · 스가랴서 · 말라기서 주석), ③ 이사야서 주석이다.

세 가지 사역

1963년에 총회신학교(현 총신대 신대원 전신) 교수로 취임하여 64년도에는 윤번제 교장직을 맡았었고, 65년 3월에는 총신 부산 분교에서 교수하게 되어 부산으로 이사하였다. 67년 2월까지 2년 동안 교수하면서 이 기간에 부산 수정동에 있는 성산교회를 담임하여 설교를 전담하였고, 이때에 틈틈이 붓을 들어 시편 주석 증보 작업을 마쳤다.

67년 3월에 다시 상경하여 사당동 총회신학교 교수를 계속하였다. 담당했던 과정들을 분류해 보면, 1학년은 성경해석학, 신약석의(요한복음), 2학년은 신약석의(공관복음, 로마서, 바울서신), 복음사, 사도사, 3학년은 신약석의(목회서신, 요한계시록의 교회론 및 말세론), 신약신학, 사도사였다. 특별히 동양철학 비판과 신약 개요를 대학부 4학년 학생들에게 몇 년 동안 가르쳤다.

총회신학교 신학 강의, 1973년

한편 교회 개척에 뜻이 있는 몇몇 성도들과 함께 68년도 여름에 상도동에서 '한성교회'를 개척하여 수년간 목회하였다. 73년도에 이르러 한성교회에 김진택 목사를 추천하고, 나는 매월 첫 주일 낮 설교를 하는 것으로 협력하였다.

70년도에는 내가 좀

무리하게 과로한 일이 있었다. 서대문 동산교회의 김성환 목사가 안식년을 맞아 도미 유학하게 됨에 따라 그 교회에서 나에게 1년 동안 주일 설교를 요청하였다. 동산교회의 일이라면 나로서는 기꺼이 협력할 마음이 있었으므로 그 청원을 수락하였다. 그리하여 주일마다 상도동과 서대문을 왕래하면서 두 교회 설교를 담당하였다.

71년도에 들어서서 나는 위경련 발작으로 인하여 여러 번 고통을 느꼈고, 고려병원에서 종합 진찰을 받은 결과 담석으로 확인되었다. 의사의 권면은 앞으로 강의, 설교, 저술 중 한 가지만 선택하고 절대 안정하라는 것이었다. 그리하여 나는 세 가지 중 주석 저술에만 주력하기로 결심하고, 우선 조용히 요양할 목적으로 일단 미국으로 갔다.

미국에서 10개월 동안 필라델피아와 로스앤젤레스에 머물면서 여러 성도들의 사랑과 협력을 받으며, 휴양과 집필에만 힘쓴 결과 몸도 어느 정도 회복되었고, 그 동안에 잠언 주석을 탈고하였다.

72년도 봄에 귀국하여 다시금 신학교 교수와 주일 설교와 주석 집필, 이 세 가지를 감당할 수 있게 된 것을 하나님께 감사하였다.

74년도, 내 나이 70세 되던 해 둘째 학기 교수를 마치고, 나는 정년 은퇴하는 의미에서 교수직을 사임하였다. 총신 교수 11년 동안에 탈고한 성경주석은 13권이다. 이것을 여섯 권으로 편집하여 발행하였다. 곧, ① 예레미야서 주석(예레미야·예레미야 애가), ② 에스겔서·다니엘서 주석, ③ 창세기·출애굽기 주석, ④ 레위기·민수기·신명기 주석, ⑤ 잠언 주석, ⑥ 욥기·전도서·아가서 주석이다.

나는 은퇴 직후 도미하여 4년 동안 로스앤젤레스에 거주하면서 전적으로 성경 주석 집필에만 몰두하였다. 미국에서 저술하는 동안 도서관을 이용하여 필요한 책들을 충분히 참고할 수 있었던 것은 무엇보다 큰 유익이었다. 그곳에서 담석 치료도 계속 받아 온 결과 하나님의 은혜로 거의 완치되는 기쁨을 얻었다. 이때에 탈고한 성경주석은 12권인데, 이것을 세 권으로 편집하여 발행하였다. 곧, ① 여호수아·사사기·룻기 주석, ② 사무엘상하·열왕기상하·역대기상하 주석, ③ 에스라·느헤미야·에스더 주석이다.

에스더 주석을 마지막으로 성경 66권 주석을 완필하기까지 나의 인생 여정 74년 걸어오는 동안 세밀하게 붙들어 주신 하나님께 감사하며, 오직 그에게만 영광을 돌린다.

나의 모든 저서들은 영음사(靈音社)에서 발행하였고, 지금도 계속 발간하고 있다. 영음사는 나의 저서를 발행하기 위하여 설립된 출판사이다.

77년 여름에 일시 귀국하여 총신대 신대원에서 한 학기 동안 교수한 바 있고, 79년 2월에는 이 학교 대학원장으로 초빙되어 다시 와서 교수하다가 이듬 해 11월에 사임하였다.

나의 교수 생활에 있어서 언제나 불타는 가슴으로 학생들에게 주고자 한 것은 칼빈주의 신학이다. 그 이유는, 칼빈주의 신학이야말로 성경을 그대로 믿는 말씀의 신학이기 때문이다. 나 자신이 하나님의 은혜로 성경 말씀의 단맛을 체험했으므로 후학들에게 나의 깨달은 바 성경 진리를 전해 줌에 있어서 나는 최대한의 노력을 기울였다. 항상 많은 시간 동안 가르치고 싶었고, 개강 중 공휴일이나 다른 이유로 인해 휴강하였을 경우에는 되도록 보강하려고 힘썼다.

그뿐 아니라, 나 자신은 부족하면서도 신학도들에게는 신앙생활과 기도생활에 진실해야 된다고 항상 강조하였다. 그리고 또 신학생 시절에 참되이 노력하여 실력 있게 졸업해야만 교회에 유익을 끼치는 진실한 일꾼이 될 수 있고, 그렇지 못하면 별 수 없이 외식하는 자가 되어 한평생 자타를 속이는 불쌍한 자가 될 수밖에 없다고 누누이 강조하였다.

성경 주석 완간 감사예배

1979년 10월 9일에 총신대학 대강당에서 성경 주석 완간 감사 예배를 드림으로 하나님께 영광을 돌릴 수 있었던 것을 감사히 생각한다. 주석을 완필하기까지 40여 년 동안 사람의 힘으로는 붓을 들기 어려운 때도 있었지만 그때마다 주님께서 붙들어 주셔서 꾸준히 저술을 계속할 수 있었다.

나의 주석 저술의 동기는, 나 자신이 먼저 성경을 바로 깨닫고 깊이 안 후에 이 성경을 올바로 증거하여 하나님의 백성으로 하여금 성경대로 믿음을 가지도록 그들을 도와주는 것이 하나님의 뜻이라는 확신이 있었기 때문이다.

성경을 바로 깨닫고 그 깨달은 바 진리를 바로 전하려는 간절함 때문에 나의 마음은 항상 성경에 머물러 있었고, 동시에 성경 주석 저술에 기쁨이 있었다. 내가 성경을 많이 아는 것은 아니지만, 아는 만큼은 확신하고 있으며, 또 내가 아는 그것을 형제에게 나누어 주고자 하는 마음이 항상 불타고 있으므로 계속 붓을 들게 되었다.

성경을 올바로 이해하고 성경을 주석하는 작업은 중요하다. 성경은 하나님의 말씀이니만큼, 주석자가 성경을 바로 깨닫지 못하고 글을 쓰는 때에 그는 하나님의 뜻을 잘못 나타내는 큰 과오를 범하는 것이다. 성경 진리의 차원은 인간의 사상과는 다르다. 만일 성경을 인간의 사상으로 주석하게 되면 그것은 하나님의 말씀을 인간의 사상 수준으로 끌어 내리는 큰 잘못이다. 그러므로 성경 주석자는 성경으로 성경을 주석하는 원리를 굳게 파수해야 한다.

특히 중요한 것은 성경 주석자는 언제나 성령의 감동에 의하여 성경의 의미를 발견하도록 시종일관 기도하며 힘써 나가야 한다. 그렇기 때문에 성경 주석자가 그 자신이 세속화되었거나 혹은 하나님을 떠난 죄악 심리를 가지고 있는 상태에서는 성경 말씀의 진리를 찾아낼 수 없다. 그는 거룩한 신앙과 경건함을 자신의 생활 속에 계속 유지해 나가야 된다.

나는 성경을 주석하면서 가끔 풀기 어려운 난제를 만났을 때에 '이 구절 말씀에서도 우리에게 필요한 진리를 캐낼 수 있을까?' 하는 생각을 하게 되었다. 그런데, 기도하고 하나님을 바라보면서 그 말씀을 묵상하는 가운데 거기서도 단맛 있는 진리가 발견되곤 하였다. 그뿐 아니라, 밤중에 잠에서 깨어 고요히 성경 말씀을 묵상하다가 그 뜻이 깨달아지면 즉시 기록해 놓고 다시 잠을 자기도 하였다.

설교자들이 종종 체험하는 바이지만, 나도 언제나 설교를 하고 난 후에는 마음이 유쾌하였고 신령한 기쁨이 임하곤 하였다. 나는 성경 주석을 집필하면서 그 말씀의 생명력을 여러 가지로 체험하였고, 그 깨달은 바 진리를 설교로 작성하여 나의 주석에 많이(1000편 이상) 포함시켰다. 참으로 성경은 우리 영혼에 기쁨과 평화와 광명을 준다. 다윗의 고백한 바, "주의 말씀의 맛이 내게 어찌 그리 단지요 내 입에 꿀보다 더 다니이다"(시 119:103), "주의 말씀은 내 발에 등이요 내 길에 빛이니이다"(시 119:105)란 말씀들을 실감한다. 하나님의 말씀은 건조한 이론이 아니고 영적 생명과 신령한 기쁨을 내포하고 있다.

나는 항상 성경을 묵상하면서 이제까지 살아왔고, 내 마음은 성경을 주석할 의욕으로 언제나 불이 붙고 있었다. 나에게 있어서 성경을 연구하고 그 뜻을 풀어 기록하는 것보다 더 기쁜 일은 없었다. 그러므로 다른 일을 하는 때에도 마음속에는 속히 책상으로 돌아가 성경 주석을 쓰고 싶은 생각이 떠나지 않았다. 이러한 마음은 인간적 생각이 아니었고 하나님이 주신 은혜와 사명 때문이었다고 나는 믿는다. 그리고 내가 30세 초반까지는 종종 두통으로 고생했었는데, 성경 주석을 집필하기 시작하고부터는 그런 증세가 깨끗이 사라졌고 그 후로는 계속 머리가 상쾌하여 연구 생활에 전혀 지장이 없었다.

나는 성경 연구에 몰두하여 가족과 함께 소풍 한 번 간 적이 없었고, 가정을 제대로 돌보지 못한 경우가 많았다. 그 결과로 자녀 가운데는 나의 기대대로 되지 못한 안타까운 일도 있어서 나로서는 기도할 뿐이다. 기도는 헛되지 않다고 나는 믿고 있다.

특별히 신구약 성경 주석을 완필하기까지 내가 체험한

바 확실히 말할 수 있는 것, 즉 꿈에라도 의심할 수 없는 것, 밥 먹으면서 생각해도 그렇고, 길 가면서 생각해도 그렇고, 잠자다가 깨어서 생각해도 부인할 수 없는 확실한 것은 다음 몇 가지이다.

첫째, 나의 최대의 즐거움은 성경 주석 저술이었다는 것이다. 이 말은 내가 나의 어떤 장기(長技)를 즐거워하는 그런 즐거움이 아니라, 하나님의 말씀으로 말미암아 내 영혼이 누린 즐거움이다. 이것은 어디까지나 주관적인 것이 아니고 객관적인 것이다. 벵겔(Bengel)이 말했듯이, 성경을 주석하는 일은 꿀을 짜내는 것과 같은 작업이다.

둘째, 하나님이 살아 계신 확실한 증거는 성경이라는 것이다. 나는 믿음이 약해지는 때에 성경 말씀을 먹는다. 먹는다는 것은 그 말씀을 깨닫고자 연구하는 작업을 말한다. 성경은 그 말씀을 깨닫는 심령에 양식이 된다

셋째, 곤란한 처지에서도 주님만 바라보고 주님의 기뻐하시는 일을 행하는 때에 성경의 뜻을 깨닫게 되었다는 것이다. 이것은 "불의를 기뻐하지 아니하며 진리와 함께 기뻐하고"(고전 13:6)란 말씀을 지키는 때에 받게 되는 은혜이다.

넷째, 성경을 깊이 연구할수록 성경을 더욱 확신하게 되었다는 것이다. 그러므로 나는 다음과 같이 고백한다. '온 세상 사람들이 성경을 안 믿어도 나는 믿겠고, 나 자신이 성

경을 안 믿어도 나는 더욱 믿겠다.' 나 자신이 성경을 안 믿으려고 한다면 그것은 나의 부패성 때문인 줄 확실히 아는 고로 나는 나의 부패성을 따르지 않으려고 노력한다.

다섯째, 일을 되게 하시는 이는 하나님이시라는 것이다. 나는 죄인이요, 막힌 사람인데 어떻게 성경을 주석할 수 있으며, 또 성경 주석을 완필할 수 있었을까? 조금도 과장 없이 말하자면 하나님께서 이 일에 전적으로 간섭하시고 역사해 주셨다는 사실이다. 하나님이 붙들어 주시지 않았다면 결코 이루어질 수 없었을 것이다. 그러므로 나는 두려운 것뿐이요, 황송하고 감사한 것뿐이다.

갓 출판된 이사야 주석과
다른 책들을 들고 서 있는 저자, 1964년

저자의 성경주석 집필 모습, 1970년

성경주석 전질(20권), 1949년부터 발행되기 시작하여 1979년 완간

Yune-Sun Park (WTS '36): 1905-1988

Dr. Yune-Sun Park, a recipient of an honorary doctorate at Westminster's Jubilee in 1979, died in Korea on June 30, 1988. He earned a Th.M. at WTS under J. Gresham Machen in 1936 and was also honored with a D.D. by Faith Theological Seminary in 1954.

"Dr. Park taught in the classroom until the last days of his life," commented WTS president George Fuller. "His vast writing will continue to have great usefulness in the churches."

Park was the author of a 19-volume commentary in Korean on the entire Bible, the first of its kind. Missions professor Harvie Conn, who served as a missionary in Korea for 12 years before joining the WTS faculty, regards Park as "one of Korea's finest and most literate spokesmen for the Reformed faith. ...His commentaries are strongly theological in content. Dr.

Dr. Yune-Sun Park

Park being very careful not to treat the text as an isolated linguistic phenomena.... His works also possess a strong homiletical flavor, sometimes including entire sermons at the end of appropriate chapters."

Formerly president of the Hap Dong Presbyterian Theological Seminary in Suwon, Korea, Park was professor of New Testament there at the time of his death. Prior to that he had been president and taught New Testament at The Presbyterian General Assembly Theological Seminary (Chong Shin), in Seoul. Shortly after World War II the Korea Theological Seminary in Pusan (Kosin) grew out of a theological retreat led by Dr. Park during the summer of 1946.

A memorial service was held for Park in Van Til Hall on the WTS campus on Monday, July 11. Participants included Dr. Samuon Kim ('63), president of the Korean WTS Alumni Association; other Korean WTS alumni; representatives from the alumni associations of the three Korean seminaries with which Dr. Park was associated;

WTS president George Fuller presents Yune-Sun Park with an honorary doctorate at Westminster's Jubilee in 1979.

Piety and scholarship

In the Introduction to *Piety and Scholarship. Essays presented to the Rev. Yune-Sun Park in honor of his fifty years of ministry* (Yung Eum Sa, Seoul, 1987), WTS alumnus Bruce Hunt ('35-'36) noted. "We met at WTS where we were both students of Dr. J. Gresham Machen.... In those first classroom contacts, I was very much impressed by his unusual ability in comprehending deep theological questions....

"All during our youth and the early days of our ministry, the Korean Presbyterian Church—of which Dr. Park was a member and with which my parents and I worked as 'missionary-members'—was in a struggle with the Japanese government....[which] known him. I have found Dr. Park to be a man of scholarly ability, yet always friendly and unusually humble. Along with his work as a seminary professor, he has shown a concern for teaching God's Word in Bible institutes and conferences, as well as to the whole church. He has written a set of commentaries that includes every book in the Bible. And while a professor, he also pastored several congregations in Pusan and Seoul."

미국 웨스트 민스터신학교에서 명예 신학박사(D. D.) 학위 받음, 1979년

성경주석 완간 감사예배 광경(총신대학교), 1979년

기독교 출판인의 올바른 자세

문서 사업은 귀하다. 글은 어디든지 갈 수 있고 또 언제나 말한다. 그러니만큼 하나님을 증거하는 데 있어서 문서가 차지하는 비중은 참으로 크다고 할 수 있다. 따라서 문서를 출판한다는 것은 중대한 결과를 가져온다.

기독교 출판인이 발행하는 문서는 인류에게 하나님의 말씀을 전해주는 귀한 것이어야 한다. '하나님의 말씀'이란 어떠한 것인가? 그것은 죽은 이론이 아니고 "살아 있고 항상 있는 말씀"(벧전 1:23)이다. 하나님의 말씀이 살았다는 것은 하나님이 살아 계셔서 성경 말씀으로써 그의 기쁘신 뜻대로 역사하신다는 의미이다. 하나님은 이사야 선지자를 통하여 말씀하시기를, "내 입에서 나가는 말도 이와 같이 헛되이 내게로 되돌아오지 아니하고 나의 기뻐하는 뜻을 이루며 내가 보낸 일에 형통함이니라"(사 55:11)고 하셨다. 이처럼 성경 말씀은 하나님을 대리하는 권위를 지녔으므로 누구든지 이 말씀을 순종하여 지키는 자는 하나님 자신을 사랑함과 같이 간주된다(요 14:21). 그러니만큼 기독 신자들은 성경 말씀을 경건한 마음으로 취급해야 한다.

성경 말씀과 관련된 글을 쓰는 이들과 이러한 책들을 발행하는 이들은 특수한 태도로 그 작업에 임해야 된다. 그들은 항상 하나님을 의식해야 하며, 또 온 세계 인류를 의식해야 한다. 즉, 그들은 하나님께서 기뻐하실 만한 책을 발간하려고 힘써야 하며, 또 그 책은 온 인류를 상대하고 발행한다는 것을 명심해야 한다.

기독교 출판인들은 문서 선교의 막중한 책임 의식을 가지고 성경을 바로 소개하는 책을 발행하려고 노력해야 한다. 부분적으로나 전체적으로, 그리고 직접 간접으로 성경을 잘못 풀이한 문서는 독자로 하여금 하나님에 대한 오해를 갖게 하므로 그런 책을 출판하는 이는 그 저작자와 함께 그 같은 무서운 오해를 선전하는 일을 하고 있는 것이다. 그것은 하나님을 망령되이 일컫는 죄가 된다. 하나님의 말씀은 경고하기를, "나 여호와는 그의 이름을 망령되게 부르는 자를 죄 없다 하지 아니하리라"(출 20:7)고 한다. 여기 이른바 "하나님의 이름"은 그의 거룩하신 칭호만 아니라, 그의 거룩하신 말씀도 가리킨다(참조. 계 1:9, 3:8).

기독 신자는 사회의 어느 분야에서 활동하든지 그곳에서 그리스도의 빛과 향기를 나타낼 책임이 있다. 그러므로 기독교 출판인들은 더욱 진실을 지켜야 된다. 글은 영구히 남는 것이어서 진실이 결여된 출판물은 영구히 거짓말을 하고 있는 무서운 죄악이 된다.

신학 교수 방법

신학자는 신학 교수뿐 아니라 반드시 목회도 해야 된다고 주장하고 싶지는 않다. 그렇지만 가능하다면 신학 교수들도 목회를 알아야 된다. 즉 교수가 목회 경험이 있어야만 신학생들에게 강의할 때 그들로 하여금 하나님의 말씀으로 교회를 인도하는 방법과, 신자들을 영혼 상대로 접촉하여 성경 말씀을 먹여주는 일을 바로 하도록 학생들을 도와줄 수 있다. 신학 교육은 지식 전달과 함께 생명력 있는 교육이 이루어져야 한다.

예를 들어 단순한 지식 전달로 족한 어학 시간에도 교수는 생명력 있는 강의를 해야 한다. 목사 후보생을 키우는 신학교 교수는 자신도 목사이니만큼 목사는 목회를 알아야 한다. 그러므로 나 자신은 부족하지만 나름대로 교수들의 목회를 강조해 왔다. 나도 어디에서 신학 교육을 하든지 목회를 하려고 힘썼고 교회를 개척하기도 했다. 나는 지금까지 주일마다 교회 강단에서 말씀 전하는 일을 거의 쉬지 않고 (건강이 허락된 한) 계속한 것으로 기억한다.

확실히 나의 목회 경험은 학생들을 가르치는 데 크게 도움이 되었다. 다시 말하면 신학도들로 하여금 바른 목회 방법을 깨닫도록 하기 위해서는 어떻게 가르쳐야만 된다는 것을 알게 되었고, 또 목회자가 지식 전달에서 그치지 않고 생명을 전달해야 함을 강조할 수 있게 된 것이다. 교수 자신이 그 방면에 경험이 있어야만 바로 강조하게 되는 것은 사실이다. 그러므로 누구든지 참으로 신학 교수를 하려면 목회 경험이 반드시 필요하다고 생각한다. 목사가 목회를 해야만 자신의 신앙생활도 건조해지지 않고, 또 영혼 상대로 말씀을 선포하는 일이 성령의 감화와 인도로만 가능하다는 것을 체험을 통하여 확신하게 된다.

신학 교수는 신학도들이 실제로 유익을 얻도록, 즉 그들이 신학 공부를 하는 동안에 성경을 바로 깨달아 영계가 열려 교회를 섬길 때에 자신도 살고 교회도 살리는 일꾼이 되도록 하기 위해 산파역을 해야 한다. 다시 말하면 그들로 하여금 영적 자녀를 생산하도록 도와주는 교육이 바람직하다.

그런데 문제는 신학교에 발을 들여 놓은 신입생들이다. 그들 중 대부분은 대학을 졸업했을 뿐이고, 성경을 깊이 그리고 신학적 원리에 의하여 배운 바 없이, 목사가 되겠다는 사명감만으로 신학교를 찾아 온 것이다. 그러므로 이들에 대해서는 산파역 교수 방법으로써는 잘 안 된다. 이러한 신입생들에게는 "무엇을 연구해 오시오, 어떤 자료를 작성해 오시오, 내가 사정(査正)해 줄 것은 사정해 줄테니 해 오시오." 하는 식으로는 안 된다.

신학은 자연 과학과 달라서 사람의 마음에서 좋은 연구 결과가 나올 수 없다. 자연 과학은 사람의 마음의 산물이라고 할 수 있다. 자연과 인간의 과학 심리와는 통하는 점이 많다. 자연적인 사실을 앞에 놓고 마음을 기울이고 깊이 연구하게 되면 어떤 해석이 나올 수 있다.

그러나 성경은 그렇지 않다. 성경은 사람의 마음과 반대된다. 사람의 마음은 "만물보다 거짓되고 심히 부패한 것"(렘 17:9)이므로 누구든지 이런 마음 상태로는 성경을 읽어도 바로 깨달을 수가 없다. 성경은 위에서 주신 하나님의 계시의 말씀이기 때문에 먼저 믿어야 된다. 먼저 믿고 시작해야 한다. 그 누구도 성경을 믿지 않고는 성경의 진리를 알 도리가 없다. 성경, 즉 하나님이 주신 계시의 진리는 먼저 믿고 다음에 알게 된다.

그런고로 초급 신학에서는 별 수 없이 먼저 깨우쳐 줄 것은 깨우쳐 주고, 그 다음에 성경을 취급하도록 도와주어야 한다. 다시 말하면 성경에 대한 우리의 태도가 성경적이어야 한다는 것과 성경에 있는 모든 자료들을 취급하는 때에 순타율주의(그것이 하나님의 말씀이라는 신념)로 그것들을 다루어야만 성경을 바로 해석할 수 있다는 사실을 가르쳐 주는 것이 절대로 필요하다. 이 작업이 산파역으로는 도저히 안 되고 이것은 전달식 교수 방법으로써만 가능하다. 이 일은 전달식으로만 되기 때문에 결국 성경신학, 조직신학, 주경신학, 역사신학, 변증신학, 원어 연구 등 여러 분야를 원리적으로 가르쳐야 한다.

그런데 이 같은 문제점을 잘 이해하지 못하는 신학생들이 처음부터 자연구식(自硏究式), 즉 교수의 산파역을 어느 정도 받으면서 자율적 연구 방식을 원하기 쉽다. 그렇지만 신학 연구의 초급에 있어서는 전달식을 경유해야만 한다. 2학년은 특수 학년이므로 그 뒤부터는 학생들이 연구를 시작할 수 있다.

한평생 신학 교육의 경험을 통해서 내 나름대로 깨달은 것은, 신학도들에게 주어야 할 것은 성경밖에 없구나 하는 신념이다. 신학생으로 하여금 성경을 깨닫도록 도와주기만 하면, 결국 그 가운데서 그들이 변화를 받기도 하고, 그들의 인격 교육도 이루어지게 되고, 그들에게 목회할 수 있는 능력도 생기는 것이 확실하다.

신학교의 모든 커리큘럼은 성경을 중심으로 한 것이니, 주경신학은 물론 조직신학도 결국은 성경으로 끌고 들어가는 것이고, 변증신학도 그렇고, 성경신학도 그렇고, 역사신학도 그렇고, 원어 연구도 그러하므로, 이 모든 과정들의 그 방면 방면에서 "성경은 하나님의 말씀이다"라는 것을 재확

인하면서 들어가는 것이다.

신학도들이 재학 시절에 영화(靈化) 방면, 즉 성령의 감동을 받으며 성령의 인도를 받는 인격이 되기까지는 신학교 훈련이 절대로 필요하다. 혹시 잘못 생각하기를 '신학도들이 학교에서는 지식만 배우고 졸업 후에 실제로 목회하면서 힘쓰는 중에 그들의 인격이 점차 영화되고, 성령의 감동과 인도를 받게 되는 단계에 이르게 되겠지…' 할지도 모른다. 그러나 신학생 시절에 영화 방면의 체험 없이 지식만 가지고 교문을 나서게 되는 때에는 인간인지라 배운 것도 있고, 원고도 있고, 교재도 있음으로 그 실력으로써 목회하다 보면 세월을 허송하기 쉽다. 즉 참으로 하나님의 은혜 가운데서 일을 하지 못하고 인간의 수단과 방법으로 목회한다고 하면서 하나님의 교회에 유익보다는 도리어 해를 끼칠 우려가 많은 것이다.

그뿐 아니라 목사라면 성령의 감동을 받는 자리에 있어야 한다. 신학교의 교수 자신이 성경 말씀을 믿는 재미, 즉 말씀으로 말미암아 신령한 기쁨을 얻으며, 힘을 얻는 그 체험 속에서 성경 말씀을 똑바로 알아가지고 신학 커리큘럼의 어느 분야에서 가르치든지 간에 성령의 은혜를 받은 마음으로 교수할 때에 학생들도 그 마음에 신령한 감화(성령의 감화)를 받는 일이 있게 되는 것이다.

그 다음 단계로 신학도들의 실생활 문제를 지도해야 한다. 신학도들이 지교회에 가서 실제적으로 어떻게 영향력을 미칠 수 있는가 하는 문제에 대하여는 신학교에서 가르치는 길밖에 기회가 없다.

신학생들은 졸업 후에 선배가 공들여 쌓아 놓은 그 울타리 안에 가서 일하는 것보다, 또한 어떻게 좀 편하게 목회하겠다는 그 마음보다, 차라리 자립 정신을 가지고 단독으로 밑바닥에서 교회를 개척하겠다는 목표로 준비하는 것이 원칙적인 바른 태도이다. 전도자에게 있어서 편하게 살아보겠다는 생각은 절대 금물이다.

그뿐 아니라 하나님의 일꾼은 연단을 받아야 한다. 연단을 받은 일꾼을 사람들도 신용한다. 이 문제에 있어서 주의할 것은 오랜 세월을 통해 연단을 받으려고 생각지 말아야 한다는 것이다. 교역자의 연단을 받는 기간이 길어지게 되면 그 동안에 그가 섬기는 교회는 하나의 연습장이 될 터이니, 그것은 주님의 교회를 해롭게 함이다.

그러므로 신학생들은 교문을 나설 때에 참으로 신용할 만한 알찬 일꾼, 일꾼다운 일꾼이 되어서 나가야만 한다. 그렇게 되기 위해서는 신학 3년 기간에 피나는 노력을 해야 한다. 즉 기도를 하되 금식 기도를 하든지, 아주 깊은 기도를 한 번 해내야 되겠고, 우리들 자신의 결점을 교정함에 있어서도 결사적으로 고쳐서 변화된 사람으로 나가야 한다.

주의할 것은 교역자의 위치가 지도하는 직책이므로 그는 자기도 모르게 스스로 속아서 어느새 고자세로 변하여 남들을 섬기기보다는 자기가 섬김을 받으려 하고, 주장하는 자세를 가지고 교계 안에서도 세상의 사고방식대로 높아지려고 하는 일들이 허다하다. 이러한 자리에 떨어지지 않도록 신학 교육을 받는 동안 학생들 자신이 스스로 낮아지는 훈련, 섬기는 훈련을 철저히 받지 않으면 별 수 없이 자기도 모르게 서서히 그 잘못된 자리에 서게 된다.

그리고 신학 교육에 있어서 중요한 것은 진실성이다. 기독교는 "진실"이라고 말할 수 있으니, "믿음" 그 자체가 진실(πίστις)이란 글자이다. 전에 평양 장로회신학교 라부열(羅富悅, Stacy L. Roberts) 교장이 종종 신학생들에게 말하기를, "교역자는 재지(才智)가 부족해도 진실하면 되지요"라고 하였는데, 그것은 성경적인 말이다. 사도 바울은 말하기를, "네가…내게 들은 바를 충성된 사람(진실한 자)들에게 부탁하라(가르치라) 그들이 또 다른 사람들을 가르칠 수 있으리라"(딤후 2:2)고 하였다. 이 말씀은 신학생이 어떤 사람이어야 함을 직통으로 말해 준다. 다시 말하면 이 말씀은 진실을 가르치라는 말과 같다.

학생들에게 진리를 가르치는 교수 자신은 더욱 진실한

인격자로서 학생들에게 진실을 강조해야 되겠다.

학생들에게 구체적으로 강조할 것은, 교회에서 일할 때에 ① 결단코 허식으로 하지 말 것. ② 언제든지 모르는 것을 아는 체하지 말 것. ③ 공연히 내 분야를 넘어서지 말 것. ④ 나의 맡은 일만 진실하게 할 것. ⑤ 교우들에게 성경을 가르치는 경우에도 모르는 것이 있으면 "확실히 모르겠습니다. 연구하여 다음에 가르쳐 드리겠습니다." 할 것. 그런 문제를 여러 번 만나게 되더라도 그 때마다 모른다고 말할 것. 이 때에 교인들이 실력 없는 사람이라고 평할까 두려워하지 말고 하나님 앞에서 나의 진실을 지키려고 힘쓸 것 등이다.

이같이 할 때에 교인들도 그 교역자의 진실성을 인정하게 된다. 그뿐 아니라 진실을 지킬 때에 결국 하나님께서 붙들어 주시고 능력을 주셔서 좋은 일꾼이 되게 해 주시니 교회에도 유익하다. 그러므로 진실을 지키는 것이 제일이다.

만일 시무하던 그 교회에서 떠나게 되는 경우에는 깨끗이 잘 떠나야 한다. 교회에 이런 저런 잡음을 일으킬 만한 말이나 행동은 절대로 삼가야 한다. 교역자의 중심은 언제나 주님을 사랑하는 그 일단(一端)으로 주님의 교회를 사랑하여 세례 요한처럼 '나는 쇠하고 주님의 교회는 흥하기를' 소망해야 한다.

4 합동신학교 시절

1980–1988

지사충성

졸업식 훈사

교역자의 힘쓸 것

(제4회/ 1984. 2. 28)

1. 자신을 쳐 복종시킬 것(고전 9:27)

나는 나 자신이 되지 못하고 된 줄로 알고 속기 쉽다(갈 6:3). 나의 원수는 둘인데, 첫째는 마귀요 둘째는 나 자신이다. 나를 단속하는 일은 내가 스스로 할 일이요 남이 해 줄 수 없다.

2. 봉사의 신분을 정확히 지킬 것(벧전 4:10)

교역자는 종교업자가 되지 말고 하나님께 바쳐진 산 제물이 되어야 한다(롬 12:1). 종교업자가 성행하는 시대에는 자신도 모르는 사이에 그 죄에 빠지기 쉽다.

3. 행복보다 성결을 구할 것(벧전 1:14-16)

사람마다 행복을 찾는다. 그러나 하나님의 사람은 모든 것을 성화(聖化)시키는 데에 총력을 다한다. 하나님은 우리에게 말씀하시기를, "내가 거룩하니 너희도 거룩할지어다" 라고 하신다. 그러므로 하나님의 사람은 성경 말씀을 주야로 묵상하며 그 말씀을 순종하려고 힘쓴다.

4. 영력 있는 사람이 될 것(고후 10:4)

신령한 능력의 사람은 어떠한가? 그는 성령의 감동, 성령의 역사가 동행하는 사람이다. 이런 사람이 되려면 성경을 깨달음에 정확해야 되며, 기도 생활에 충실해야 된다.

5. 교회의 유익만을 구할 것(빌 2:30)

내가 주님의 교회에 더 이상 유익을 끼칠 수 없게 되었다고 판정될 때에는 주저하지 말고 떠나라. 어찌 내 유익을 도모하여 주님의 양무리에게 괴로움을 줄 수 있겠는가! 교역자는 강도가 아니다(참조. 요 10:2).

졸업생들에게

(제5회/ 1984. 12. 21)

1. "영혼" 본위로 일하라(히 13:17)

예수님께서 "내 양을 먹이라"(요 21:17)고 하신 그 말씀은 주님의 양, 곧 하나님 백성의 영혼을 먹이라는 뜻이다. 영혼은 하나님의 말씀을 먹고 살며 힘을 얻는다(참조. 벧전 2:2; 렘 15:16). 교역자 자신이 성경 말씀을 바로 알아야 영혼을 먹일 수 있다(참조. 눅 12:42). 그는 주야로 성경을 묵상할 정도로 계속 그 말씀을 생각하며 기도하며 연구해야 된다(참조. 시 119:47-48). 의인은 여호와의 율법을 주야로 묵상한다고 하였다(시 1:2).

2. "나"를 쳐 복종시키라(고전 9:27)

이것은 배운 대로 실행하는 실행주의이다. 배운 대로 실행하지 않음은 스스로 속는 것이다(약 1:22). "친다"는 것은 '때린다'는 것이니, 아프기도 하고 희생되는 일도 있다. 그렇지만 자기를 때리는 일이 절대로 요구된다. 내가 좋아하는 대로만 행한다면 대부분의 경우에 있어서 바로 행하지 못하게 된다. 예수님께서 말씀하시기를, "만일 네 오른 눈이 너로 실족하게 하거든 빼어 내버리라"(마 5:29)고 하시지 않았는가. 이 말씀은 비유이니, 희생과 아픔을 당하면서까지 마땅히 행할 것을 행하라는 것이다.

3. "파수꾼"의 책임을 다하라

부르심을 받은 하나님의 종은 진리를 파수하며, 하나님의 영광을 파수해야 된다. 이 막중한 임무를 등한히 하는 교역자는 하나님으로부터 "벙어리 개"(사 56:10)라는 책망을 받을 수밖에 없다.

졸업생들에게 당부함

제6회/ 1985. 12. 20

형제들이여! 나는 여러분들에게 몇 가지 중요한 것을 묻고 싶습니다. 세월은 빠르고 기회는 오직 한 번만 있는 것이니, 옳은 길로만 매진하는 생활이 여러분의 한평생에 심장의 고동과 함께 계속되어야 할 줄 압니다.

1. "강도의 소굴"(마 21:13)이란 말씀의 뜻이 무엇인지 아시지요? 우리가 육체의 이익을 위해 성직을 이용하는 때에 주님이 우리를 책망하실 말씀이 아니겠습니까?

2. "스스로 속임"(갈 6:3)이란 말씀의 뜻이 무엇인지 아시지요? 우리가 되지 못하고 된 줄로 알고 교만함이 아니겠습니까? 남에게 속는 것도 마음 아픈 일인데, 스스로 속은 결과는 마침내 슬피 울며 이를 갈게 될 것입니다(마 25:30). 한 달란트 받았던 자(영적 성장이 없는 자)와 같이.

3. "육에 속한 자며 성령은 없는 자"(유 1:19)란 말씀이 누구를 가리키는지 아시지요? 성령의 감동에 대한 분별력도 없고, 그 은혜를 받기 위하여 힘쓰지도 않는 자들이 아니겠습니까? 진정한 교역자는 "성령의 감화"(고후 6:6)로 행합니다.

4. "회칠한 무덤"(마 23:27)이란 말씀의 뜻이 무엇인지 아시지요? 나와 하나님과의 관계가 오래 전부터 막혀 있음에도 불구하고 그것을 문제시 하지도 않고, 인간관계만 앞세워 사람에게 아첨하며 외식하는 교역자를 가리킨 말씀이 아니겠습니까?

5. "삯군"(요 10:12)이란 말씀이 누구를 가리키는지 아시지요? 순전히 생계(生計)를 위하여 다니는 교역자를 가리킨 말씀이 아니겠습니까? 이런 사람들에게 대한 책망의 말씀을 기억하십니까? "그리스도 십자가의 원수"(빌 3:18-19)라고 하신 그 말씀을.

6. "적은 일에 충성하였으매"(마 25:21)란 말씀의 의미가 무엇인지 아시지요? 적은 일을 할지라도 진실되이 행함이 큰 상급을 받을 만하다는 뜻이 아니겠습니까? 감당할 능력은

없으면서 큰 일을 맡는 자는 자동적으로(본의 아니게) 외식(外飾)할 수밖에 없겠지요.

7. "날마다 죽노라"(고전 15:31)란 말씀의 뜻이 무엇인지 아시지요? 날마다 죽음 앞에서 나 자신을 검토해 보는 기회를 가짐이 참되이 사는 길이 아니겠습니까?

8. "회당과 큰 거리 어귀에 서서 기도하기를 좋아하느니라"(마 6:5)란 말씀의 뜻이 무엇인지 아시지요? 은밀 기도는 하기 싫어하고 공석 기도에만 잘 응하는 자가 있다면 그를 기도하는 사람이라고 할 수 있겠습니까? 기도생활은 신자의 온도계와 같습니다. 올바른 기도생활의 정도는 그 사람의 성결의 정도를 보여줍니다.

진실한 인격

(제7회/ 1987. 2. 19)

1. 인격이 진실해야 은혜받는 그릇이 됨

하나님은 우리를 상대하실 때에 먼저 우리의 "중심에 진실함"을 찾으신다(참조. 시 51:6). 1930년대 평양 장로회신학교 교장 라부열(Stacy L. Roberts) 박사는 종종 말하기를, "재지(才智)는 부족해도 진실하면 되지요"라고 하였다.

2. 인격이 진실해야 복음을 효과적으로 전하는 방편이 됨

우리의 인격이 진실하지 못하면 우리가 전하는 복음이 진리로 전달되지 못한다. 그러므로 사도 바울은 후계 교역자들을 택함에 있어서 진실을 강조하여 말하기를, "내게 들은 바를 '충성된 사람들'(πιστοῖς ἀνθρώποις='진실한 사람들')에게 부탁하라 저희가 또 다른 사람들을 가르칠 수 있으리라"(딤후 2:2) 고 하였다.

3. 인격이 진실하지 못하면 그 자신이 괴로움을 당함

심령이 마비되지 않은 진정한 그리스도인이라면 누구든지 거짓된 생활을 계속할 수 없다.

(1) 불신앙이 거짓이고(요일 2:22),

(2) 약속을 지키지 않음이 거짓이고(참조. 마 5:37; 딤전 3:8),

(3) 성경을 잘못 가르침이 거짓이고(참조. 고후 2:17; 벧후 1:20, 3:16),

(4) 진리편에 서지 않음이 거짓이고(참조. 요 16:2),

(5) 되지 못하고 된 줄로 앎이 거짓이고(갈 6:3),

(6) 진리를 지식으로만 가지고 그대로 행치 않음이 거짓이다(약 1:22).

하나님을 사랑합시다

(제8회/ 1988. 2. 11)

1. 인생과 사랑

사람은 무엇을 사랑하는가에 따라서 그의 가치와 그 결과가 결정된다. 이 무한한 우주 가운데서 사람이 참으로 사랑할 대상(하나님)을 사랑하지 못한다면 그는 영원히 무저갱(無底坑)으로 떨어지게 된다.

2. 인생은 사랑 문제에 있어서 명확해야 됨

우리가 사실상 하나님을 사랑하지 않으면서 사랑하는 줄로 착각하고 평생을 그렇게 산다면 그것은 스스로 속는 것이고, 영원히 자멸하게 된다. 이것은 나 자신의 문제이니 명확히 해야만 한다. 속이는 운동은 어디나 있는 법이다. 만물보다 거짓되고 심히 부패한 내 마음(렘 17:9)이 문제이다.

3. 하나님을 사랑한다는 것의 심장부

그것은 순결성이다. 아 켐피스(Thomas à Kempis)는 말하기를, "우리가 하나님을 가장 참되이 사랑하려면 깨끗이 사랑해야 된다. 즉, 하나님을 즐거워하는 마음으로 사랑할 것이지 이 세상의 어떤 유익이나, 내 마음의 위안이나, 혹은 영원한 보상을 기대하지 말 것이다. 우리는 다만 하나님의 무한히 선하심과 존귀하심으로 인하여 그를 사랑해야 된다"고 하였다.

4. 하나님을 사랑함의 구체적 방법

(1) 내 손에 있는 성경을 먼저 사랑할 것. 진리를 사고서 팔지 말아야 한다(참조. 잠 23:23).

(2) "나" 자신을 바로 취급할 것. 즉, 나는 주님의 소유물이라는 것을 확실히 알아야 된다. 하이델베르크 신앙고백서의 문답에, "삶과 죽음에 있어서 당신의 유일한 위로는 무엇입니까?" "나는 영육의 생사에 있어서 진실하신 구주 예수 그리스도에게 속하였다는 사실입니다(고전 6:19-20)"라고 하였다.

(3) "나"를 장식하지 말 것. 소위 성공을 꿈꾸지 말고 감

당할 수 있는 일을 맡아서 하나님을 모시고 일하기를 힘써야 된다(참조. 마 25:21).

(4) 하나님의 진실을 심을 것. 하나님은 그의 진실성을 복음으로 나타내셨다. 우리는 내 이웃, 내 민족에게 진실함으로 복음 진리를 심어야 한다.

채플 시간에 불을 토하는 듯한 설교의 모습

84학술공개강좌 및 선교대회, 1984년

경건과 학문: 정암 박윤선 목사 성역 50년 기념논총. 방지일 목사의 글을 포함한 22개의 글과 논문이 실리다, 1987년

기념논총을 헌정받은 후 김창인 목사와 기념 촬영, 1987년

정암은 답사에서 "나는 83년 묵은 죄인입니다"라고 고백하다, 1987년

박윤선 목사 성역 50년 기념예배 장면, 1987년

1984년

합동신학교장으로 발인 예배를 드리는 장면, 1988년

성도의 죽음(시 116:1-15)

본문 15절에 "성도의 죽는 것을 여호와께서 귀중히 보시는도다"라고 하였는데, 어떤 의미에서 성도의 죽음이 귀중한가?

1. 가장 완전한 신앙고백의 기회이기 때문에 귀중함

이 시인은 하나님만을 전적으로 신뢰하는 믿음으로 고백하기를, "내가 믿는 고로 말하리라"(10절)고 한다. 모든 사람들은 다 거짓되지만 하나님은 참되시다(롬 3:4). 우리 신자들이 교회에서 세례를 받을 때 그리스도를 믿는 우리의 신앙을 고백하였다. 이 문제에 있어서 우리가 '그 때 나의 생명을 온전히 주님께 의탁하면서 신앙고백을 했는가'라고 자문해 본다면 사실상 그렇지는 못하였다.

그런데 신자가 임종시에는 실제적으로 자기의 생명을 주님께 전적으로 의탁하면서 자신의 신앙을 고백하게 된다.

그 기회야말로 신자가 예수님을 본받는 결단의 순간이 되는 것이다. 예수님은 임종시에 큰 소리로 말씀하시기를, "아버지여 내 영혼을 아버지 손에 부탁하나이다"(눅 23:46)라고 하셨다. 이것은 최후적이고 유일회적(唯一回的)이고 최선을 다한 그의 결단이었다.

2. 구원의 관문이 되기 때문에 귀중함

이 시인은, 성도가 이 세상 환난에서 구출되는 그 은혜를 찬송하다가 결론적으로 죽음의 문제를 논한다. 그는 과거에 여러 가지 역경 중에서 하나님의 구원하심을 체험한 고로 이제 죽음에서도 하나님이 구원해 주실 것을 확신한다. 그는 죽음 앞에서도 찬송할 수 있음을 고백하였으니, "내가 구원의 잔을 들고 여호와의 이름을 부르며"(13절)라고 한다. 성도에게 있어서 죽음은 구원의 관문을 통과하는 것이니, 그 죽음이 귀중하다. 사도 바울도 이런 체험에 의하여 말하기를, "그가 이같이 큰 사망에서 우리를 건지셨고 또 건지시리라"(고후 1:10)고 하였다.

본문에 "구원"에 대한 말씀이 많이 나온다. "나를 구원하셨도다"(6절 하반), "내 영혼아 네 평안함에 돌아갈지어다"(7절),

"내 영혼을 사망에서ÿ건지셨나이다"(8절).

성도의 육체적 죽음은 장차 생명의 부활을 위한 종자의 썩음과 같은 것이고(고전 15:36), 그 영혼이 썩을 장막을 벗어버리고 주님의 나라로 가는 것이다. 그러므로 사도 바울은 말하기를, "우리가 담대하여 원하는 바는 차라리 몸을 떠나 주와 함께 거하는 그것이라"(고후 5:8)고 하였고, "내게 사는 것이 그리스도니 죽는 것도 유익함이니라"(빌 1:21)고 하였다. 그는 그리스도만을 기뻐하며 사랑하였으므로 세상의 모든 것들을 배설물과 같이 여겼다(빌 3:7-9).

제4부 내가 본 박윤선 목사

우리에게 있는 나다나엘

방지일
영등포교회 원로목사(前)

필자는 박 목사님을 "형님"으로, 그는 필자를 "형제"로 부르기를 59년간, 긴 세월이 흘렀다. 필자는 박 형님을 우리에게 있는 "나다나엘"이라고 불러 왔고, 지금까지도 그렇게 부르고 있다. 그에게는 간사함이 없다. 그는 주님이 찾으시는 참 이스라엘 사람임에 틀림없다.

요한복음 1장에 보면, 예수님은 나다나엘을 가리켜 "이는 참 이스라엘 사람이라"고 말씀하셨다. "어떻게 나를 아시나이까" 하고 반문한 나다나엘에게 주님은 다시 말씀하시기를, "네가 무화과나무 아래 있을 때에 보았노라"고 하셨다.

나다나엘을 보신 주님께서 '박 형님을 참 이스라엘 사람으로 보신 때는 언제일까' 하고 내가 생각해 보니, 주님께서는 박 형님이 항상 엎드려 있는 그 모습을 보셨음이 틀림없다. 그는 숭실전문학교 시절에는 새벽마다 교실에 가서 엎드려 살았고, 특별한 기간에는 우단(방수 처리가 되어 있는 천) 한 조각과 미숫가루 한 병을 준비해 가지고 산으로 갔었다.

평양 모란봉 위에 가재란 곳이 있다. 주님은 그 곳에 꿇어 엎드린 박윤선을 보셨을 것이다. 그는 기도의 사람이었다. "참 이스라엘 사람"이란 이름을 얻은 나다나엘처럼 그는 참으로 기도의 사람이었다.

김진신 어머님

박 형님의 어머님은 비록 무식하셨지만 활동면에서 보통 노인이 아니었다. 두 아들(윤석, 윤선)은 모두 기독 신자였는데, 어머님은 기독교를 몹시 반대하셨다. 필자는 평양 신양리에서 박 형님과 이웃하여 살았으므로 그 어머님에 대해 잘 알게 되었다. 자그마한 키와 통통한 체구에 성품이 활달하신 분이었고, 말씀을 잘 하시는 편이었다. 어머님은 후덕함이 절로 풍기는 인상이었으나 신앙 문제에 있어서는 철저히 반대하셨으며, 자신은 고풍에 젖어서 그렇게 사시는 것을 참 인생다운 삶이라고 믿는 주관을 가지신 분이었다.

그 어머님은 누구에게나 후덕하셨고, 평소에 필자에게는 너무도 좋게 대해 주셨다. 하루는 대화의 분위기가 아주 좋아 보이기에 나는 기회를 놓칠세라 정중하게 말씀을 드려보았다. "어머님, 아들이 앞으로 목사가 되십니다. 목사님의 어머님이 되실 터인데 어머님도 예수 믿으셔야지요." 이때에 나는 매우 친절하게 그리고 조심스럽게 말씀드렸던 것이다. 그런데, 그렇게 좋던 어머님의 안색이 돌연 바뀌더니 매우 격한 어조로 "방 선생! 다시는 그런 말 하지 말아요. 그만큼 공부했으면 벌써 군수는 되고도 남았을 터인데 목사는 무슨 목사! 날더러 예수 믿으라고요? 아예 그런 말은 내게 다시 하지 말아요. 그런 말조차 나는 듣기 싫어요. 그런 말 하려거든 앞으로 대면할 것도 없어요!" 하시는 것이 아닌가. 놀랄 만큼 강경한 그의 태도에 나는 아연할 뿐이었다. 신앙 문제에 있어서는 전혀 틈을 주시지 않았다.

들은 이야기로는 박 형님께서 부친상을 당하셨을 때, 상주 형제의 신앙으로 장례를 믿는 식으로 치르게 되었다고 한다. 그랬더니 어머님은 통곡을 하시며 울부짖기를, "나는 영감님께 아들 둘이나 낳아 드렸소이다. 그런데 이놈들이 정신이 빠져서 아버지를 굶깁니다." 하시더니, 그 자신이 손수 고인의 사진 앞에 제사상을 차려 놓고, "아들놈들이 제 아비를 굶기니 이럴 수가 있겠소!" 하시면서 다시금 통곡하셨다. 이때에 박 형님께서 부친의 사진을 슬쩍 집어 들고 밖으로 나갔다. 이를 아신 어머님이 식도를 들고 아들의 뒤를 쫓아 나가시자 박 형님은 황급히 수수밭 속으로 피신하였다고 한다. 이런 어머님을 위하여 우리 기도 동인들은 그가 믿게 되실 때까지 합심하여 간절히 기도하기로 작정했다.

여기 박 형님의 가정을 소개하는 차제에 한마디 곁들일 것이 있다. 그의 어머님께서 믿으시기 전의 일이다. 어머님은 작은 아들을 결혼시킨 후 그 자부를 데리고 계셨다. 박 형님은 평양에서 계속 학업을 닦는데 그의 부인되는 분은 한글을 익힌 정도였다. 그러므로 박 형님은 아내도 공부할 수 있는 기회를 가지도록 하기 위해 어머님에게 그 소원을 말씀드렸다. 그러나 완고하신 어머님께서 자부를 내 보내실 리 만무했다. 어머님의 허락을 얻을 수 없음을 확인한 그는 밤중에 아내를 업고 몰래 집을 빠져나와서 선천 보성여학교에 입학시킴으로 그에게 공부할 기회를 만들어 주었다. 이렇게 하여 아내를 공부시킨 일 또한 기록적인 사건이 아닐 수 없다.

그는 옛 관습을 따라 조혼한 관계로 가정생활을 하면서 고학으로 숭전을 졸업하고, 신학을 공부할 때에도 숭실중학교 기숙사 사감 일을 보면서 학업을 계속하였다.

박 형님은 어떤 계기에 어머님의 이름을 지어 드렸다. 즉, 어머님께서 엄지발톱이 살 속으로 파고들어 몹시 고통을 당하시자 평양 기독병원에서 수술을 받으시도록 박 형님이 어머님을 고향에서 모셔 왔다. 그때까지 어머님의 이름은 없었고 호적에 "김씨"라고만 되어 있었는데, 박 형님은 어머님께서 참으로 믿게 되시기를 바라는 마음으로 참 진(眞), 믿을 신(信)으로 지어서 환자 명을 "김진신"이라고 기록하여 입원 수속을 해 드렸다.

그런데 그렇게 완고하셨던 어머님께서 드디어 믿게 되신 것이다. 박 형님의 유학까지도 강하게 반대하셨던 그 어머님이 아들들의 간절한 기도와 우리 기도 동인들의 합심 기도 결과 마침내 회개하고 돌아오셨다(박 형님의 일차 유학시). 전에 반대하시던 그의 강함이 이제는 주님을 향한 열심으로 바뀌었다. 그는 주일이 돌아오기를 고대하셨으며, 예배 후에는 교인들을 집으로 모셔다 대접하는 일과 어려운 이웃을 구제하는 일들을 언제나 기쁨으로 하셨다. 그는 아들이 지어 드린 그의 이름과 그의 후덕하시고 활달하신 성품을 가지고 교회 봉사를 정성껏 하셨다.

아이큐가 높아서인지, 부지런해서인지

박 형님은 중학 시절부터 이미 영어엔 통달한 바 있었다. 학교 경건회 시간에 간혹 외국 손님이 오셔서 설교하신 후에는 박 형님이 영어로 감사의 인사를 훌륭하게 하곤 하였다. 그는 재능을 타고 나서인지, 부지런해서인지, 그의 영어 실력은 뛰어났다. 물론 그에게 재능이 없다고 할 수는 없겠지만 오히려 그의 근면성을 인정하고 싶다.

우리 시대의 중학교 학제는 5년이었는데, 영어 교과서는 뉴 크라운(New Crown)이었다. 박 형님은 이 교본을 1권부터 5권까지 전 학년 분을 모두 물 흐르듯 거침없이 내리 외우곤 했다. 우리는 그의 영어 암송을 들을 때마다 어떤 연극의 한 장면을 보는 것이나 훌륭한 명곡을 감상하는 것 이상으로 상쾌한 기분이 되곤 했다. 이때에도 참 이스라엘 사람의 순진한 그 모습은 우리를 시원하게 해 주었다. 그는 아이큐가 높아서라기보다 한 가지 일에 모든 신경을 다 기울여 열중하고, 또한 부지런하여 암송할 것은 수없이 반복해서라도 기어이 해내고야 마는 것이 그의 천성이었다.

숭전 재학 때의 일이다. 박 형님은 언제나 성경에 열중하여 있었으니, 계속 성경을 외우고, 기도하고, 성경을 읽고 또 읽었다. 마치 새김질하는 소나 양같이 그는 성경을 계속 반복하여 읽는 것이었다. 모란봉 아래 곤우골이라는 동네가 있었다. 그 곳에 김인서 장로가 살고 있었는데, 우리 동지들이 가끔 그 집에 모여서 성경도 읽고 기도회도 가졌었다. 그때에 박 형님의 계시록 강의는 특이하기로 유명했으니, 유리바다에서 헤엄치는 장면에 이르러서는 그가 방바닥에 엎드려서 온 방안을 휩쓸며 헤엄치는 흉내를 냈는데, 실로 가관이었다. 그 일 후에 "박윤선의 유리바다"라는 강의 제목까지 생기게 되었다. 그는 이처럼 친구들 간의 성경 강해 때에도 말로만 하지 않고 그의 몸으로 실연을 하였다.

기숙사 생활 때의 일이다. 주방에 가서 각자가 자기의 먹을 것을 받아 와야 했다. 대개 밥, 국, 김치 이 세 가지였다. 박 형님은 식사 때에도 외골수라 할까, 밥을 먹을 때는 밥만 계속 먹고, 다음에는 계속 국만 먹고, 또 김치만 먹는다. 무슨 맛으로 그렇게 먹느냐고 물으면, "위 속에 들어가면 다 섞여지거든…" 하고 웃는다. 고루 먹어야 음식 맛이 더 나는 것을 박 형님인들 모르는 바 아니지만, 그는 식사 시간에도 음식보다 사고(思考)에 잠겨서 밥 옆에 있는 국을 보지 못한다. 어느 날 친구들이 국에 들어 있는 고기를 장난으로 다

건져 먹었다. 그것도 모르고 밥만 먹던 박 형님이 숟가락으로 국을 뜨면서 "내 국은 국물뿐이야!"라고 말하자 모두들 폭소를 터뜨렸다. 한 번 그렇게 웃음거리가 되었으면 다음번엔 그렇게 하지 않을 것 같으나 그는 그렇지 못하여 거의 매번 식사 중에 웃음거리가 되곤 하였다. 때로는 앞에 있는 김치 그릇을 가져가도 모르고 있다가 밥을 다 먹은 후에 김치를 막 찾는 고로 모두들 웃곤 하였다.

한번은 선천역에서 사각 모자를 손에 들고 기차에서 내린 박 형님이 출발하려는 기차를 향해 "내 모자, 내 모자!" 하면서 뛰어가더니 그 기차에 올라타려 하는데, 우리는 그의 손에 쥔 모자를 보고 한바탕 웃었다. 그는 이렇게 외골수였다.

박 형님은 신학을 지망하면서 성경 원어인 헬라어, 히브리어를 비롯하여 라틴어, 독일어, 화란어에 이르기까지 외국어 공부를 열심히 잘 했으니, 이는 그의 부지런한 자습의 결과였다. 후에 그가 미국 유학길에 태평양을 건너는 배 안에서 요한계시록을 거의 다 암송한 것만 보아도 그의 노력은 알 만하다.

평양 신양리에서 우리가 서로 이웃에 살던 때의 일이다. 어느 날 형수님(박 형님의 부인)은 아기를 아랫목에 재워 놓고 주방 일을 하고 있었고, 박 형님은 책상에서 공부하고 있었는데, 아기가 잠에서 깨어 몹시 우는데도 형님에게는 아기의 울음소리가 들리지 않았던 모양이다. 아기 우는 소리를 엄마가 듣고 방으로 들어와 보니 아기의 잠자리가 말이 아니었다. 이 지경이 되도록 요란했는데도 박 형님은 여전히 공부에만 집중하고 있었다.

박 형님은 언제나 한 곳에 몰두하면 온 감각이 그 곳에 집중되어 다른 소리가 들리지 않는 것이리라. 나는 그의 그러한 모습을 너무나 많이 보고 겪었다. 길을 가면서도 깊은 사색에 잠기곤 하여 다른 것을 전혀 상관치 않았다. 사람이 앞에 오는 것도 모른다. "어디를 갑니까? 무슨 생각을 하지요?" 이렇게 물어도 "오! 방(方)…" 하고는 그대로 지나간다. 그는 무엇에 집중하게 되면 다른 것에는 거의 신경을 쓰지 못하고 끝까지 파고드는 분이었다.

자신의 소유를 초월한 사람

숭전 재학 당시 교내에는 기독 학생 청년회가 조직되어 있었고, 우리는 그 중 종교부에서 함께 일했다. 이 부서에서는 여름과 겨울에 전도대를 조직하여 전국으로 파송하며, 하기학교 교사를 파송하고 또한 특별 집회를 개최하는 등

일체의 신앙 운동을 주관하였다.

당시 필자는 개척 전도를 맡아 평양에서 이십여 리(약 9km) 떨어진 대동군 대동강변 정백리 전주 이씨 촌으로 가서 단독으로 교회 개척을 시작했다. 주일이면 그 동네에 가서 살다시피 하면서 먼저 아이들을 모아놓고 주일학교를 시작했다. 차츰 주일학생들의 부형들에게도 전도하여 몇 명씩 모이기 시작하는데, 그 동리의 이씨들이 들고 일어나 교회를 핍박하기 시작했다. 필자는 몇 번이고 그들에게 멱살을 잡히기도 했고, 필자의 안경이 땅에 떨어지기도 했다.

이러한 박해에도 불구하고 교회당을 건축하려는 계획을 세우고 우선 건축 헌금을 하기로 했다. 헌금 주일에 강사로 박 형님을 초청했다. 그는 설교를 마친 후 헌금하는 시간에 주머니에서 회중시계를 선뜻 내 놓으면서 "내게 값나가는 것은 이것뿐입니다. 나는 이것을 바치겠습니다." 하며 자기의 아껴 쓰던 시계를 헌납하는 것이었다. 신자는 한 사람도 없는 형편에서 개척하였으므로 모두 새로 나오는 사람들뿐인데 건축 헌금을 하자는 것부터가 무리였다. 그런데 설교한 강사가 이렇게 하니 저들도 감화를 받아서 넘치게 헌금하였다.

박 형님이 행동한 모든 일은 매우 인상적이다. 시계가 흔하지 않았던 그 세월에 고학생의 회중시계는 참으로 귀한 것이었다. "나는 이것을 바치겠습니다." 하던 그 모습이 지금도 내 눈에 선하다. 그때의 그의 모습은 과연 신앙적인 것은 물론, 아름다운 화폭에 비길 만하였고, 그 전체가 참으로 하나의 예술적 작품이라고 할 만하다. 어린아이와도 같은 순진한 그 모습을 촬영이라도 해 두었더라면 지금도 보여 줄 만한 것이리라.

정백리에 드디어 예배당이 건축되었고, 이웃에 있는 오야리와 함께 두 동네를 전도하기 위해서 "정오리(貞梧里)교회"라고 교회 이름을 바꾸었다. 이 곳은 필자가 평양노회에서 처음 전도사 시취를 받고 교역의 제 일보를 디딘 곳이기도 하다. 필자가 그 교회를 시무하는 동안에 예배당 증축을 두 번 하였으니, 우리 주님의 도우심과 두 학도의 헌신으로 정오리교회는 크게 성장한 것이다.

박 형님은 어느 면으로나 참 이스라엘 사람으로 비치곤 하였다. 그의 하는 말, 그의 행동에 대하여는 "정말 그럴까?" 하고 의혹을 가져볼 만한 여지가 전혀 없다. 그 머리로부터 발까지 드러나는 진실성은 다른 사람에게서는 쉬이 찾아보기 힘든 점이다. 그는 소유욕이 없다기보다도 소유욕을 모르는 사람이라고 함이 그에 대한 적절한 평가일 것이다. 그의 진실미는 이 방면에서도 나타난다.

우리 목사들은, 강단에 설 때마다 그 설교하는 모습이 예술화되어 걸작품을 내놓음으로써 인상 깊게 교우들의 마음에 새겨져야 하겠다. 사람은 손바닥으로 가리어지는 작은 얼굴을 가지고 있지만 그 얼굴의 눈, 코, 입이 조화되어 나타나는 그의 신앙적 표정은 실로 아름답고 진실한 예술품이 아닐 수 없다.

필자는 50여 년이 지난 오늘에도 박 형님의 일거일동을 고요히 회고해 볼 때 실로 그의 걸작품들이 나의 심금을 울린다.

기도 없이 갔던 일

당시 우리 신앙동인들은 기도하며 성경을 상고하여 받은 바 은혜를 기록했다가 서로 교환하는 일을 하곤 했다. 또한 이런 은혜로운 내용을 등사하여 다른 지역에 떨어져 있는 신앙동인들에게도 보내줌으로 함께 호흡하며 신앙생활을 해보자는 선하고 단순한 동기에서 등사물로 '겨자씨'라는 월간지를 간행했다. 해가 지남에 따라 부수가 늘어났고 우리는 더욱 열심을 냈다. 그러던 중 "출판법 위반"이라는 죄목으로 우리의 집은 일본 경찰의 가택 수색을 받았으며, '겨자씨' 지는 모두 압수당했고, 우리는 연행되었다. 그러나 출판법을 모르고 간행한 것이어서 곧 훈방되었다. 그때 우리에게 내려진 경고는, '겨자씨'를 간행할 때마다 먼저 원고를 총독부로 보내어 검열을 받은 다음에 등사하고, 책이 완성되면 정부에 납본하여 발행 허가를 받은 후에 발간하라는 지시였다.

이 일로 인해 우리는 밤을 새워가며 의논했으나, 우리 모두 고학생의 신분이어서 그만한 시간적 여유가 없었으므로 정간하기로 합의했다. 그러나 필자는 좋은 일을 시작했다가 중단한다는 것이 아쉬워서 모든 책임을 필자가 지기로 하고 속간을 주장하여 결국 속간하게 되었다. 그런데 원고 수집도 어려웠지만 그 원고를 한 달 전에 총독부로 보내어 페이지마다 "검열필"이란 붉은 도장을 받아야 하는 일은 결코 쉬운 일이 아니었다. '겨자씨'의 부수가 계속 늘어나므로 등사로는 감당하기 어렵게 되었고, 그렇다고 그것을 인쇄하기에는 너무나 경제적인 부담이 컸다.

어느 날 박 형님이 내게 찾아 와서 박구리(평양 전차역 이름)에 있는 정 집사를 방문하여 이 일을 의논하자는 것이었다. 그는 매우 경건한 분이니 전도 사업에 관심이 있을 것 같다는 의견이었다. 우리 두 사람이 정 집사를 찾아 가서 문서 전도에 관한 내용을 이야기하였더니, 그는 거절도 동조도 하지 않고 좀 생각해 보겠다고 말했다. 돌아오는 길에 우리는 아무 말도 하지 않고 묵묵히 걷기만 했다. 집에 도착하자마자 박 형님은 필자에게 엽서 한 장을 청하더니 정 집사에게 글을 쓰기 시작했다. "정 집사님 죄송합니다. 우리가 먼저 하나님께 기도를 드리고 그분의 허락 하에 집사님을 찾았어야 할 것인데 그렇게 하지 못하고 갔던 것은 크게 잘못한 일입니다. 용서해 주시고 저희 두 사람이 갔던 일을 없었던 것으로 하여 주시기 바랍니다. 미안하고 죄송합니다." 박 형님은 이 엽서를 보냄으로 기도 없이 시작한 일을 깨끗이 취소하였다. 그 후 우리는 어느 누구에게도 다시는 문서 전도를 위한 헌금을 요청해 본 일이 없었다. 기도 없이 행한 일을 크게 잘못으로 뉘우치는 박 형님의 그 태도에서도 참 이스라엘 사람의 맛이 풍겼다.

선생님이 더 잘 아시지요

오늘날 미국 대사관에서 비자 받기가 힘들다고 하지만 오십여 년 전 그때는 더욱 어려웠다. 유학 비자를 받으려면, 재정 보증인 두 사람의 보증서를 받아 가지고 대사관에 가서 영사와의 인터뷰에 통과되어야 했다. 영어 회화도 지금처럼 보편화되어 있지 않던 때라 어려웠고, 보다 더 큰 어려움은 그 재정 보증이란 것이 서류에서 그치고 실제로 학비를 보내지 못하는 사실을 대사관에서 알고 있었던 것이다. 그러므로 학비 송금 문제로 인해 비자를 받지 못하는 경우가 많았다. 내가 아는 어느 분은 여섯 번 만에야 비자를 받아서 가기는 갔는데, 그분은 상당한 배경도 있었고 소개장도 있었으나 여러 번 받지 못해서 울었다는 말도 들었다.

박 형님이 그 당시의 형편에서 미국으로 유학을 갈 만큼 학업을 닦은 것은 참으로 귀하고 놀라운 일이 아닐 수 없다. 그는 고학을 계속하여 평양신학까지 마치고 이제 필라델피아 웨스트민스터신학교를 목표하고 도미하기 위해 미국 대사관에 비자 신청을 하려는 것이다.

그가 서울에 도착한 것은 늦은 저녁이었다고 한다. 길 가다가 눈에 띈 것이 구세군 서대문영이었는데, 책임자의 허락을 받고 예배실에 들어가 밤새도록 기도를 하고, 밝은 아침에 호떡을 하나 사서 요기를 한 후에 미대사관을 찾아 갔다. 인터뷰 중에 영사가 묻기를, "이 보증인들이 여기에 보증한 대로 송금할 것인가?" 할 때에 그는 나다나엘같이 순진한 그 얼굴에 미소를 지으며 대답하기를, "선생님이 더 잘 아시지요"라고 했다. 물론 미리 생각해 둔 것은 아니었고 그 시간에 얻은 지혜로 대답한 것뿐이었다. 박 형님의 이 대답이 잘 되어서인지, 그의 솔직함이 귀해서인지, 영사가 만족스럽게 생각해서인지, 선뜻 비자 발급을 해 주었다는 것이다.

평양에서는 우리 신앙 동지들이 기도하며 기다리고 있었다. 그는 남보다 일찍 서양 문물을 익힌 탓인지 학생 시절부터 기쁠 때마다 포옹을 잘 했다. 만나면 일상 앞으로도 뒤로도 친구를 안아 주는 것이 그의 가장 반기는 표현이었다. 그리곤 귀를 만지는 일을 하곤 하였다. 그래서 우리는 그에게 '귀쪽잡이'라는 별명을 붙여주었다. 이때의 우리 기도 동인들의 기쁨의 포옹이 지금도 생생하다. 그처럼 통쾌하게 비자를 받게 된 것은 주님께서 참 이스라엘 사람 박 형님에게 주신 은혜라고 아니할 수 없다.

그는 신성학교 시절부터 극심한 가난 가운데서 계속 고학으로 학업을 이어오면서 오로지 기도로 일관해 왔던 것이다. 이때에도 막상 비자는 받았으나 미국에 갈 여비가 없어서 도움을 청하러 신의주(新義州)를 몇 번이나 다녀왔다. 그 당시의 여러 가지 형편으로 보아 어린 학생이 감히 어른들을 찾아 가서 이런 뜻을 말하게 된 그 용기야말로 하나님께서 그에게 주신 힘이었다고 생각한다. 보증인 두 사람과 여비 준비까지, 우리 기도 동인들은 하나님께서 그에게 베푸신 은혜에 대해 감격할 뿐이었다. 참으로 기도의 역사는 놀랍게 전개되었다.

유학생으로서의 미국 생활

1934년 8월 중순에 드디어 박 형님은 미국으로 떠났다. 그가 떠날 때 우리의 신앙지인 '겨자씨'에 다음과 같은 글이 게재되었다.

> 사우(社友) 박윤선군(朴允善君)을 보냄
>
> 독자제현(讀者諸賢)은 신앙동지 박윤선군(朴允善君)을 잘 알고 또 사랑하고 있다. 군(君)은 8월중순(八月中旬)에 멀리 미국(美國) 필라델피아 웨스트민스터신학교를 목적으로 떠나게 된다.
>
> 군(君)은 평양(平北) 철산(鐵山)에서 나서 일찍이 한문(漢文)에 많은 수양(修養)을 받고 18세에 비로소 세계(世界) 취향에 각오한 바 있어 분연히 구벽(舊壁)을 탈출(脫出)하여 선천 소학, 선천 신성, 평양 숭전을 거쳐 금춘(今春)에 평양신학(平壤神學)까지 마치고 다시 미주(美洲)까지 떠나게 된 것이다.
>
> 여기 이르기까지의 군(君)의 노력(努力)과 신념(信念)은 실(實)로 탄복(歎服)하지 않을 수 없다. 누구를 의뢰(依賴)하는 바 없고, 다만 자기의 힘으로 자기(自己)의 운명을 개척(開拓)한 것이다. 근(君)의 특장(特長)은 어학(語學)이

다. 금춘(今春)의 길도 성경 원어(原語, 히브리, 헬라)를 연구(硏究)하려고 세계적 권위자(世界的 權威者)인 메이천 박사(博士)를 찾아가는 것이다. 실(實)로 장래에 기대(期待)하는 바 적지 않다.

끝으로 제현(諸賢)들과 함께 두 손을 들어 군(君)의 건강(建康)과 평안(平安)을 빌며 목적(目的)한 학업(學業)에 대성(大成)이 있어 돌아오기를 축원하는 바이다.

1934년 8, 9월 합병호

박 형님으로부터 미국에서 보내온 편지가 많았는데, 세월이 하도 오래된지라 남은 것이 그리 많지 못하다. 혹은 기록에, 혹은 기억에 남아 있는 것을 여기에 소개한다.

* 기록에 남아 있는 박 형님의 편지들

"나는 웬일인지요, 방제(方弟)를 생각하고는 웃기도 하고 울기도 합니다. 수만리 타향(他鄕)에서 어떻게 이런 경험이 생기는지요. 그저 날마다입니다. 방제(方弟)는 망아(忘我)! 아불망방제(我不忘方弟) 하노라. 길가다가도 생각하며 웃기도 하고 또 적지 않은 슬픔도 생깁니다. 방제(方弟)는 어떠한가?

나를 사랑하는 이여! 빨리 시간이 가서 ○○같이 주님을 노래할 때가 오기를 절망(切望)하나이다.

죄악(罪惡)의 몸이던 나를 대신(代身)하여 골고다에서 피를 흘려 죽으셨던 주여! 주님께서 어찌하여 나를 이 멀고 먼 타향(他鄕)에 던지셨나이까? 나는 우정(友情)에도 끌리고 향정(鄕情)에도 끌리게 되나이다. 주여, 나는 나의 약점(弱點)을 발견(發見)하였습니다. 이는 내가 주님에게 끌리지 않고 한갓 우정(友情)이나 향정(鄕情)에 끌리었던 것입니다. 주님을 떠나서 우정(友情)으로, 주님을 떠나서 향정(鄕情)으로, 이는 사단의 유혹이었나이다.

주여! 나를 대신(代身)하여 죽었나이까. 오-! 누가 내 죄(罪)를 위하여 죽었던 것입니까? 이는 당신이었습니다. 그런고로 당신밖에 나의 보화가 없습니다. 당신이 계시면 나에게 그저 만족(滿足)한 줄을 배우게 하옵소서. 주여! 우정(友情)에 끌리지 않고 친구를 당신에게 부탁할 수 있게 하소서. 주여! 비옵니다. 저에게 건강(建康)을 주시고 저의 가정에 평안을 주옵소서. 주님의 이름으로 기도합니다. 아멘."

* 十字架

"나의 영(靈)은 무척 괴로워졌다. 그리하여 나는 주님 앞으로 나아가 기도하였다. 심히 간절한 마음으로 기도하였고, 결국(結局)은 십자가(十字架)로 문제(問題)를 해결하였다. 십자가(十字架) 앞에서 나는 살려 한다. 십자가(十字架)를 붙들고 나는 나의 생을 이루고자 한다. 십자가(十字架)를 붙들고 천국(天國)에 들어갈 때까지 있을 터이다. 십자가(十字架), 십자가(十字架), 무한영광(無限榮光)일세, 나의 죄(罪)를 사(赦)하신 크신 영광(榮光)일세, 나의 죄(罪)를 씻으시는 크신 영광(榮光)일세, 평생(平生) 그를 붙들고 살든지 죽든지 주께 있네."

* 평범 대 허위(平凡 對 虛僞)

"평범(平凡)한 생활(生活) 중에서 실제적 진리 생활(實際的 眞理生活)을 하고, 결(決)코 초인적 행위를 망상(忘想)하거나 교행(郊行)치 말지니라. 세상(世上)에는 초인(超人), 기인(奇人), 특인(特人)이 불무(不無)하나 결(決)코 따라가지 말지니라. 모르는 것은 아무리 좋아도 따라가지 말라. 십분중구분(十分中九分)을 알고 일분(一分)을 몰라도 따르지 말라. 좀 몰라도 따를 분은 예수님밖에 없으며, 하나님밖에 없으리라. 괴행적 태도(怪行的 態度), 비범적 태도(非凡的 態度)를 취(取)하지 말지니라. 평범한 생활에서 진리(眞理)를 건행(建行)하라. 결(決)코 타인(他人)을 흉내내지 말라."

허위(虛僞) : ① 타인(他人)을 속이고자 하여 취하는 행동(行動).
② 자기(自己)가 알지 못하는 것, 또는 감당치

못할 일을 흉내 내는 행동(行動)

* 나의 기도(祈禱)

"하나님이여! 나로 하여금 지상(地上)의 관계(血統的, 親族的, 友情的, 事業的)에 매인 바 되지 않고 당신에게만 매이게 하옵소서. 육적 관계(肉的關係)로 인(因)하여 동(動)하지 않고 영(靈)으로만 인(因)하여 동(動)하게 하옵소서. 육(肉)을 통(通)하여 영(靈)에 관계(關係)되는 일에 한(限)하여 육사(肉事)에 관계(關係)케 하옵소서.

주여! 나는 처자(妻子)도 모르옵고, 부모(父母)도 모르옵고, 친구도 모르옵고, 사업(事業)도 모릅니다. 어떤 주의(主義)에 충(忠)함도 모릅니다. 다만, 성신(聖神)만 알기를 원(願)하오며, 다만, 경건 생활(敬虔生活)만 알게 하옵소서. 어떤 주의(主義: 나의 선입견으로 보아 옳다는 것)를 중심(中心)하여 사물(事物)을 취급(取扱)할 것이 아니옵고, 성경(聖經)에 가르친 경건 생활(敬虔生活)의 호흡(呼吸)이 나에게 건설(建設)되는 것만을 원(願)하여 사물(事物)을 취급(取扱)케 하옵소서. 사람을 판단하지 않게 하시며, 다만 주님이 가르치신 대로만 힘쓰게 하옵소서. 나의 주의(主義)를 없이 하시며, 나의 사업(事業)도 없이 하시며, 다만 경건 생활(敬虔生活)만 있게 하옵소서. 주님의 이름으로 비옵니다."

* 수단 방침(手段方針)

“방침(方針)이 없을 수 없으나 방침(方針)을 믿지 말고 주(主)를 믿을지니라. 주(主)를 믿지 않고 방침(方針)과 수단(手段)을 믿는 것은 교만함이요 신앙(信仰)이 아니니, 이는 영적 생활(靈的生活)을 해(害)함이니라.”

* 저울

“나의 의식(意識)을 달아볼 수 있는 저울이 있다면, 나의 의식(意識)을 달아볼 때에 세상편(世上便)의 짐이 무거울까? 예수를 위한 편(便)이 무거울까?

나의 행동(行動)을 정확(正確)히 달아볼 저울이 있어 나의 행위(行爲)를 달아볼 수 있을 때에 세상(世上)을 위한(爲)한 행동편(行動便)이 무거울까? 예수를 위(爲)한 편(便)이 무거울까? 오! 만일 세상(世上)을 위한(爲)한 편(便)이 무겁고 예수님을 위(爲)한 편(便)이 가벼울 적에 나는 어찌할꼬!”

* 기억에 남아 있는 아름다운 추억들

우리 기도 동인들은 평소에 다음과 같은 말들을 즐겨 사용했다.

(1) "기름 짜자."

건성으로 말고 나의 기름을 짜내는 것같이 최선을 다하자는 것이다. 한번은 박 형님이 미국에서 필자에게 엽서를 보냈다. 엽서에는 "지일(之一)아! 오늘 강단은 네 마지막 강단인 줄 알고 유언적 설교를 할 것이다." 이 말뿐이었다. 실로 간단하나 항상 하던 말이었기에 깊이 새겨졌다.

(2) "죽으면 죽으리라."

이 말은 에스더의 전용어가 아니다. "날마다 죽노라." 이 말 역시 바울만 하는 말이 아니다. 우리는 다 이렇게 살자고 다짐했던 것이다.

(3) "갑절의 영감을 받아야 한다."

이는 엘리사의 기도만이 아니다. 엘리사는 엘리야에게서 그의 받은 갑절의 영감이 필요했지만, 오늘은 그 몇 갑절의 영력이 있어야 할 것이다. 우리가 힘 있게 일하기 위해서는 우리에게 이 기도가 있을 뿐이다.

만주 봉천에서의 상봉

필자가 중국 선교사로 산동(山東)에서 일할 때에 만주국에는 최혁주 목사가 선교사로 파송되어 있었다. 나는 최 목사가 일하고 있는 쌍양(雙陽)이란 곳에 잠시 들렀다가 봉천(현 瀋陽)에도 들렀다. 그 당시 평양 장로회신학교는 신사참배 문제로 문을 닫았고, 박 형님은 봉천으로 와서 목사 안수를 받은 후 만주신학교 교수로 일하실 때였다. 오랜만에 반갑게 만나 보니, 박 목사님은 소위 협화복이라고 하는 일본 군복 같은 누런색 제복을 입고 발에는 일본 노동자들이 신고 다니는 소위 찌까다비를 신었는데, 그 옷차림이 박 목사님에게 너무도 어울리지 않았다. 필자가 그 모습을 보고 크게 웃었더니, 그도 따라 웃으면서 "이 신발도 신학교라고 특별히 배급받은 것인데…" 하며 더 크게 웃는 것이었다. 필자는 이때에도 그의 밝고 순진한 그 모습에서 참 이스라엘 사람 나다나엘이 비치는 것 같은 감상을 받았다. 그 당시는 우리 민족이 대동지난(大同之難)으로 다 함께 당하는 수난의 때였다.

두 분 사모님

김영선 사모님은 고학하는 남편을 극진히 내조하셨고, 해방 전후의 어려운 세월을 지나오면서 박 목사님과 30년 동안 고락을 함께 해 오셨는데, 부산에 사실 때(1954년) 뜻하지 않은 교통사고 중에 소천하셨다.

그 후에 재혼하신 현 이화주 사모님의 그 지극한 내조가 있어서 박 목사님은 팔십 고령이 넘도록 건강하게 일하신 줄 안다. 필자는 두 분 사모님을 다 알기에, 돈 모르고 살림 모르는 남편을 내조 잘 하신 그들의 노고에 경의를 표한다.

고국에서 다시 만남

필자는 해방 후에도 중국에 계속 머물러 있다가 1957년 9월 귀국 길에 올라 배를 타고 떠나서 부산에 도착한 날이 그 달 28일이었다. 우선적으로 박 목사님을 만나고자 그의 집으로 찾아 갔다. 문전에서 찾았더니 철책 창문으로 내다보며 "누구요!" 하기에 "무슨 죄를 짓고 철창 속에 있는 것이오?"라고 농담을 하며 필자는 간단한 귀국 인사를 했을 뿐, 많은 이야기를 나눌 만한 시간적 여유가 없었다. 박 목사님은 그때 고려신학교장으로 재직 중이었다.

필자는 몇 년 후에 그가 고려신학교를 떠났다는 소식을 들었다. 나는 부산 어느 교회의 집회에 들렀다가 박 목사님이 계신 데를 찾아 갔다. 그가 동래(東萊) 어느 골목의 작은 초가집에 거처하고 있는 것을 보고 나는 말문이 막혔다. 그러나 그는 여상한 나다나엘이요, 참 이스라엘 사람이었다. 그가 나와 함께 웃고 이야기하는 중에 어느 여성도 한 분이 머리에 무엇인가를 이고 와서 그곳에 내려놓고 가는 것이었다. 살펴보니 쌀이었다. 이렇게까지 되었는가 하는 심정에 나는 민망한 마음마저 들었다.

'이럴 수가 있나? 후원회라도 조직해야 되겠다…'라고 필자 혼자의 생각을 하고 있었다. 그런데 박 목사님은 얼굴에 조금도 다른 기색이 없이 그저 한결같이 웃으며 동심으로 대화를 나누는 것이었다. 박 목사님에게 참 이스라엘 사람 나다나엘의 성품이 없다면 불가능한 일이라 생각되었다. 그는 어떠한 환경에서도 그 성품에 영향을 받지 않는 분임을 다시금 크게 느꼈다.

영등포교회 특별집회 강사로

한국 교계처럼 폐쇄된 교계도 없는 것 같다. 물론 함부로 개방하자는 것이 모두 다 옳다는 것은 아니다. 그러나 담임 목사가 자신이 맡은 강단에 자신이 믿을 만한 강사를 청할 수는 있어야 하는데 한국 교계는 매우 복잡한 역사를 가졌는지라 그렇게 되지 않는 많은 경우가 있다. 교단이 다르면, 청하고 청함을 받는 그 일에 다 문제가 있기 때문이다.

당시 박 목사님은 고려 진영, 필자는 통합 진영이었다. 물론 평양 시절과는 다른 점도 감안해야 하겠지만 필자는 당회에 제의하여 박 목사님을 청하기로 결의를 보았다. 박 목사님을 청하니, 그는 '거기에 가도 되나?' 하는 생각이 없지는 않았던 것 같다. 계속 강하게 요청했더니 허락하셨다.

문제의 인물이 집회를 인도한다고 하여 고려 진영, 합동 진영, 타교단의 목사들까지, 목사만도 40여 명이나 참석했다. 집회 시간마다 천금(千金) 같은 말씀이 한마디씩 꼭 나오는 것이었다. 우리 교회 장로들도 이 점을 포착하는 고로 필자는 매우 기뻤다.

나는 숭전 동창 장로들 중 실업계에 종사하며 신앙적으로 사는 몇 분을 청하기도 했다. 우리는 앞으로 무슨 일을 해보자는 것으로 뜻을 모았다. 모두들 찬성하였고, 나는 박 목사님께 말씀하기를, "집필에만 전념하십시오. 모든 것은 하나님께서 하여 주실 것입니다." 하였더니, 박 목사님의 말씀이, "목사는 강단이 없으면 죽은 목숨"이라고 하면서 도리어 필자에게 교회 강단 소개를 요청하셨다. 참 좋은 의견이라고 생각했다. 심중에 소개할 교회도 준비되었다.

신학 교수로서의 바른 견해

박 목사님과 약속하고 헤어진 후에 필자는 제주도 연합 집회에 다녀와서 중립 교회를 소개하고 그를 모셔 오려는 뜻을 가지고 있었다. 그런데 필자가 아직 제주도에 있을 때에 서울에서 오신 분이, "박 목사님은 동산교회에 부임하셨습니다"라고 알려 주었다. 필자가 돌아오자 박 목사님께서 찾아 오셨다. 어떻게 된 일인지 자초지종을 물었더니, 박 목사님의 말씀이, "교회는 중립도 좋지만 목사는 소속이 없으면 치리회의 제약을 받지 않게 되므로 그렇게 되면 안 돼요. 목사는 반드시 치리회에 소속이 되어야 해요"라고 하셨다. 이 말을 듣고 목회자를 기르는 신학자로서의 귀한 교훈이라고 생각하였다. 목사는 강단 생활이 없으면 생명력이 약해진다. 실로 옳은 말이다. 그리고 목사는 치리회에 속해서 반드시 치리회의 제약을 받아야 한다는 말씀도 지당한 말이었다. 목사들은 이 점을 명심해야 된다. 치리회가 없다면 목사가 과오를 범했을 때에 누가 그의 허물을 심문하겠는가? 과연 지당한 말씀이다. 이는 신학도를 길러내는 신학자의 옳은 견해이다.

하루는 박 목사님이 찾아 오셔서 동산교회 장로 취임식을 하게 되었으니 나더러 참석해 달라는 청원을 하셨다. 이때에 필자는, "상회도 없는데 중립 교회에서 어떻게 장로를 세울 수 있을까? 만일 단독으로 장로를 세우려면 교단을 선언하면서 신앙고백을 해야 될 것 아니요?" 하고 반문했다. 박 목사님의 대답은, 장로를 선출해서 상회의 고시를 거쳐 안수하는 일이 아니고, 이미 안수 받은 모 장로의 취임 예배를 드리는 것뿐이니 안수는 아닌 고로 괜찮다고 생각한다는 것이었다. 친구의 외롭게 시작한 교회라 나는 참석하였다.

그렇게 하고도 나는 그 일만은 잘 한 것이라고 보지 않는다. 당회를 구성하려면 상회의 시인이 있어야 한다. 다른 교회의 장로는 그 교회의 장로였을 뿐, 그의 항존직은 그에게 영구히 있겠지만 그의 장로 시무는 그가 안수 받은 그 교회에 국한할 뿐이다. 동산교회 장로가 되려면 당연히 동산교회에서 삼분의 이 이상의 투표를 받아야 하고, 또 노회의 승인을 받아야 한다. 상회 없는 교회에서 장로 취임식을 하는 것은 합법적이라고 할 수 없다. 필자는 오늘까지도 그 일에 대하여 장로회 치리법에 의하면 공범죄를 지은 것이라고 생각한다. 그렇게 할 수 없는 일에 나도 동참한 것이었다.

엄격한 의미에서 지교회는 중립으로 오래 있어서는 안 되고, 중립 교회는 임시 예배위원의 이름으로 해야 타당한 것이다. 그 후에 동산교회도 치리회에 속한 지교회가 된 고로 바로 된 것이다. 나는 지금도 장로교 목사들 중 적지 않은 분들이 오랫동안 중립으로 있는 것을 본다. 그런데 장로교 목사로서 상회 없이 목회할 수 있을까? 목사가 안수 받은 노회 앞에서 서약한 것을 집어 던져도 좋은가? 어떤 신앙적 질서와 교회의 화평을 위하여 일시적으로 상회 출석을 보류하는 경우는 있을 수 있겠지만, 그런 일이 장기간 계속되는 것은 안 된다고 본다. 신앙 문제가 있어서 도저히 함께 할 수 없다면 신앙고백을 따로 하고 교단 선언을 하는 것이 당연한 도리이다.

어느 날 몇몇 목사들이 타월을 가지고 나의 집을 방문하기에, 나는 "웬 타월은?" 하고 물었다. 그들은 "목사 안수식이 있었어요"라고 대답한다. "어느 노회입니까?" 다시 물으니, "아니요, 중립 교회입니다." "어느 조직체에서 안수했지요?" "우리 몇 사람이 했습니다." "어느 조례에 의지해서요?" 다시 물었더니, "대한예수교장로회 헌법조례에 의지해서요." 이 대답을 듣고 나는, "좋소! 장로회 헌법조례에 의지하여 묻고 서약을 받았다니, 이는 잘 되었다고 한다 치더라도 아무 조직체도 없이 사사로이 목사의 성직을 공표했으니, 목사는 만들어졌으나 이 후에 그 목사의 성직에 대한 책임은 어느 조직체에서 지겠소? 만일 성직자답지 않은 범과가 그에게 있을 때에 그 목사는 누구의 제약을 받을 수 있겠소?" 하고 물었더니, 묵묵부답이었다. "이런 무책임한 일들을 목사님들이 하신단 말이요? 범법을 전제로 할 것이 없다고 할런지 모르겠지만 범법을 안 한다는 보장을 할 수 있겠소? 장로에 대해서는 그를 세운 당회가 책임을 져야 하고, 목사에 대해서는 그에게 안수한 노회가 책임을 지는 법입니다. 그런데 몇몇 사람이 목사를 안수했다니 이런 무책임한 일을 할 수 있다는 것을 어떻게 납득할 수 있겠소? 다른 사람은 그만두고 안수한 여러분이 납득할 만한 설명을 해보시오!" 하고, 필자는 약간 격한 어조로 말한 적이 있었다.

우리 박 목사님은 이 문제에 대하여 바른 견해를 가지신 분으로, 신학교장으로서의 고상한 품위를 지니신 분으로 평가할 수 있다. 그는 "목사는 상회에 소속되어야 한다"고 말씀하시고 그렇게 실천하셨다. 그렇다! 목사는 말뚝이 뽑혀 제 마음대로 밭을 짓밟는 송아지 격이 되어서는 안 된다. 목사 자신의 방향과 또 교회가 유린을 당할 때에 그 책임을 누가 질 것인가?

그리고 박 목사님의 말씀 또 한마디, "목사에게는 강단이 생명이다"라는 것, 즉 목사는 주일에 강단을 지켜야 한다는 것이다. 기관 목사라도 강단을 지켜야 목사의 생명이 풍부해진다는 말이기도 하다. 필자가 감명깊이 들은 말씀이다. 박 목사님은 신학 교육과 저술에 자신의 일생을 바쳤지만 그가 주일에는 강단 지키는 일을 하여야겠다는 것이다. 나는 동감의 찬사를 아끼지 않았다. 참 귀한 생각이다. 말씀을 선포하기 위해서는 말씀을 받아야 하고, 말씀을 받기 위해서는 골방에 들어가야 한다. 자신의 몸은 신학교에 매였어

저자의 평생 친구들(방지일, 박윤선, 김진홍[좌로부터])

도 말씀을 받는 밀실이 필요한 박 목사님이었다. 밀실에서 받아서 전달할 때에 목사의 생명이 자라기 때문이다. 필자가 아는 대로 박 목사님은 국내의 생활에 있어서는 거의 주일마다 강단에 서신 것 같다.

박윤선 목사 휘호

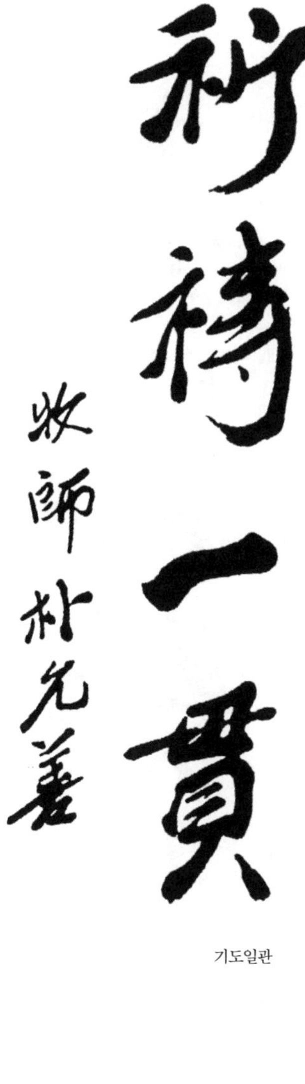

기도일관

신앙충만

신앙용단

진실노력

聖潔和睦

牧師 朴允善 揮毛

성결화목

追求聖潔

朴允善 揮毛

추구성결

頌榮爲主

牧師 朴允善 揮毛

송영위주

恒常感謝

牧師 朴允善 揮毛

항상감사

사진으로 보는 생애

숭실학교 준공, 1903년

숭실전문학교 1학년 시절, 1927년

숭실전문학교 졸업, 1931년

서울 총회신학교 시절 주석 집필, 1963년

총회신학교 시절(명신홍, 박형룡, 박윤선, 이상근), 1967년

서울 총회신학교 목회서신 강의, 1973년

합동신학교 시절, 1984년

합동신학교 시절, 1987년

선교사 가족과 기념촬영, 1988년

박윤선주석 인도네시아어 번역
사도행전(2001년), 창세기(2002년) 발행

박윤선주석 중국어번역판, 창세기(2013년)

박윤선주석 중국어번역판, 출애굽기(2014년)

박윤선주석 중국어번역판, 사도행전(2013년)

— 부록 — 박윤선 목사 유고 —

진리로 거룩하게 하소서

「저희를 진리로 거룩하게 하옵소서 아버지의 말씀은 진리니이다」

(요 17 : 17)

작사 : 박윤선　　　　작곡 : 이귀자

한국 찬송가공회의 청탁으로 작사 (1988. 3.)　작곡 : 이화여자대학교 음대 교수

1 나의 생애와 기도생활

나는 산과 들을 좋아한다. 그 이유는, 그 곳에서 기도하려는 의욕 때문이다. 산을 보든지 들을 보든지 나의 마음에는 '저기에 가서 기도했으면 좋겠다.' 하는 의욕이 일어난다. 나는 주택을 구할 때에도 산 가까이 위치한 집을 원한다. 그것은 내가 한적한 곳에서 기도하기 위함이다. 예수님께서는 기도하시기 위하여 한적한 곳(산이나 들)을 택하셨다. 그는 종종 산에서 기도하셨고(마 14:23, 26:36; 막 6:46; 눅 6:12, 9:28), 들에서도 기도하셨다(막 1:35; 눅 5:16).

예수님께서 기도하시기 위하여 산이나 들로 가신 이유는, "한적한 곳"(막 1:35)을 기도 장소로 택하시려는 것뿐이었다. 한적한 곳(ἔρημον τόπον)은 '광야'를 의미하지만 고독한 곳(lonely)을 가리킨다. 예수님은 홀로 계셔서 기도하시기를 원하셨다. 사람이 혼자 있으면서 하나님만 바라보는 것은 중요하다. 하나님만 의지하고 그분에게만 전 인격을 집중시키는 데 있어서 한적한 곳은 적절한 장소이다. 예수님은 말씀하시기를, "네 마음을 다하고 목숨을 다하고 뜻을 다하여 주 너의 하나님을 사랑하라"(마 22:37)고 하셨다.

숭전 시절에 나는 몇몇 기도 동지들과 함께 매일 아침 밝기 전에 신양리(기숙사)에서 모란봉 주변 산중까지 가서 기도하곤 하였다.

지금까지의 나의 기도생활에 있어서 응답된 것을 분류해 본다.

1. 내가 깨닫지 못하는 기도 응답들

'응답된 증거가 확실하지 않은 어떤 기도들은 하나님께 상달되지 않았다'고 할 필요는 없다. 그 이유는 기도 응답은 반드시 기도자에게 다 알려지는 것이 아니기 때문이다. 참된 기도는 주로 기도자의 육체를 위한 것이 아니므로 응답 여부를 알기 어렵다. 예를 들어 주기도문을 생각해 보자. 여러 가지 기구건 중 몇 가지만이 구체적으로 기도자 자신과 관계가 있는 내용이다. 개인주의적 내용이 아닐수록 참된 기도이다. 그러므로 많은 참된 기도들은 기도자 밖에서 이루어진다. 그뿐 아니라 많은 기도들이 영적으로 이루어지며(눅 11:13), 성령으로 말미암아 수정되어서 이루어진다(롬 8:26-27).

2. 확실히 알려진 기도 응답들

(1) 사명 수행을 위한 기도 응답

나는 8·15 해방 전에 약 5년간 만주에서 살았다. 그때에 내가 아침마다 부르짖은 기도의 제목이 있었다. 그 기도는 해방 후에 신학을 가르침으로 이루어졌다. 그것은 언제나 후회할 것이 없는 일이다.

많은 설교자들이 체험하는 바와 같이 나도 설교를 준비하면서 기도하는 때에 성경이 풀리는 경우가 많다. 나는 이 같은 체험들을 통하여 하나님의 살아 계심을 더욱 분명히 믿게 되었다. 생명 있는 믿음은 그 근거를 말씀 체험에 둔다.

(2) 하나님의 뜻대로 간구한 기도 응답(요일 5:14-15)

나는 하나님의 작정 의지와 은밀 의지에 대하여 전혀 모른다. 이런 문제와 관련된 일들에 대하여는 어떻게 기도해야 할지 알 수 없다. 그러므로 나는 성경에 입각하여 나의 소원을 기구하면서 "하나님의 뜻이면"이라고 조건을 붙였었다. 그런데 나는 이런 기도가 무력하다고 느끼고 이제부터는 매달리며 투쟁적으로(야곱처럼) 기도하고자 한다. 투쟁적으로 하지 않는 기도는 무력해지기 쉽고 태만의 성격을 지니게 된다. 하나님은 태만을 기뻐하시지 않는다.

내가 하나님의 계시적 의지(성경에 명시된 하나님의 뜻)대로 살고자 하여 매달리는 기도를 하였을 때에 확실히 하나님의 응답을 받았다. 예를 들면 하나님께 영광이 되지 않는 어떤 일을 거절하면서 승리하기를 기도하는 가운데 투쟁한 일들이 있었는데, 그때마다 마음이 평안해지고 "염려말라"라는 소리 없는 응답을 받기도 하였다.

(3) 염려로 인한 기도 응답

나는 직접 혹은 간접으로 역경과 난제를 만났을 때마다 마음에 염려를 가득히 안고 기도의 자리를 찾는다. 그런 염려로 인하여 기도 중에 생각나는 것은 마태복음 6장 34절의 말씀("내일 일을 위하여 염려하지 말라 내일 일은 내일이 염려할 것이요 한 날의 괴로움은 그 날에 족하니라")이다. 즉 나로서는 염려할 것이 아니라, 그날그날 최선을 다하여 일할 뿐이라는 깨달음이다. 그러므로 나는 염려하지 않기로 결심하고 그 문제를 주님께 맡겨버린 후 날마다 내가 해야 할 일에 진력해 왔다. 나의 평생에 염려로 인하여 일을 중단한 적은 별로 없었다.

(4) 강단 사역과 관련된 기도 응답

나는 22세부터 강단에서 설교하기 시작하여 지금까지 약 60년간 이 일을 계속하고 있다. 설교 준비에 있어서 기도도 많이 해야 되지만 먼저 설교 내용이 성경에 의한 올바른 깨달음으로 정비되어야 그 설교가 은혜롭다. 성령님은 진리 체계가 올바른 데서 역사하신다. 설교자가 설교한 후에 그 설교가 은혜로웠는지 자기 자신은 알 수 있다.

나는 어느 때에는 설교 준비를 먼저 하고 그 다음에 기도한다. 그러나 어떤 때에는 먼저 기도하고 그 다음에 설교 준비를 한다. 내게는 이 두 가지 작업이 병행한다. 경중으로 말하면 성경 연구가 더 중요하지만 기도도 없어서는 안 된다. 하나님께서는 설교자가 바친 만큼 주시는 까닭에 에누리가 없으시다. 즉 성경 연구와 기도 준비에 얼마나 시간을 바쳤는가에 따라서 그 설교의 성패가 좌우된다. 이 사실은 나의 평생 설교할 때마다 체험하여 온 바이다.

그런데 어떤 때에는 여러 시간 준비 기도를 했는데도 그 설교가 별로 은혜롭지 못했던 경우가 있다. 후에 생각해 보니 준비 기도에 시간은 바쳤지만 전심으로 기도하지 못했던 것을 깨닫게 되었다. 결국 참된 기도도 하나님의 은혜로만 이루어진다는 사실을 알게 되었으며, 기도를 참되이 하기 위해서 더욱 하나님께 매달리는 노력을 하게 되었다. 노력함은 은혜를 사모하는 자의 구체적인 모습이다.

설교할 때에 장애되는 문제는 자아(自我)에 대한 관심과 청중에 대한 위축감이다. 설교자가 설교 행위를 통해서도 은근히 자기를 변호하거나 자기를 높이는 것 같은 것은 언제나 하나님 앞에서 가증하다. 그뿐 아니라 청중을 의식하여 마땅히 할 말도 못하고 도리어 아부하는 것 같은 언사는 얼마나 가증한가. 이런 심리는 진정한 투쟁적 기도에 의해서만 죽임을 당한다. 나의 경험으로는 설교하기 전에 착실히 기도하고 강단에 섰을 때에만 이 같은 장애가 없었다. 나의 강단 생활에 있어서 승리의 설교가 계속적으로 이루어지지는 못하였고 간간히 있을 뿐이었다. 이것이 나의 탄식거리이다. 그러므로 나는 설교를 위한 준비 기도를 더 많이 하려고 애쓴다.

(5) 회개의 기도 응답(사죄와 성화)

회개하는 기도는 어떤 것인가? 그것은 죄를 고백하는 기도이다. 요한일서 1장 9절에, "만일 우리가 우리 죄를 자백하면 그는 미쁘시고 의로우사 우리 죄를 사하시며 우리를 모든 불의에서 깨끗하게 하실 것이요"라고 한다. 그러면 "자백"한다는 것(ὁμολογέω)은 어떤 성질의 것인가? 그것은 "상한 심령", 혹은 "상하고 통회하는 마음"(시 51:17)의 표현이다. 이것은 죄로 인하여 눌림이 되고 아픔을 느끼는 심령을 가리킨다(참조. 사 57:15, 61:1, 66:2). 이것은 사도 바울이 말한 바처럼 "하나님의 뜻대로 근심하게 되는 것"(고후 7:9-10)을 가리킨다. 이것은 자기 자신을 미워하는 욥의 심리와 같은 것이다. 욥은 말하기를, "내가 스스로 거두어들이고 티끌과 재 가운데서 회개하나이다"(욥 42:6)라고 하였다. 이것은 자기 자신을 미워하는 마음으로 자기 자신을 거부하고 하나님을 택하는 심리의 결단이다.

나는 근년에 이르러 나 자신을 미워하는 심리가 계속 지속되고 있다. 이것은 "나"라는 것이 얼마나 부족한가를 증명한다. 나 자신의 죄에 대한 미움이 있는 동안 나는 참으로 살게 된다.

2 성령의 역사

"그러나 내가 너희에게 실상을 말하노니 내가 떠나가는 것이 너희에게 유익이라 내가 떠나가지 아니하면 보혜사가 너희에게로 오시지 아니할 것이요 가면 내가 그를 너희에게로 보내리니 그가 와서 죄에 대하여, 의에 대하여, 심판에 대하여 세상을 책망하시리라 죄에 대하여라 함은 그들이 나를 믿지 아니함이요 의에 대하여라 함은 내가 아버지께로 가니 너희가 다시 나를 보지 못함이요 심판에 대하여라 함은 이 세상 임금이 심판을 받았음이니라"(요 16:7-11).

성령께서 우리의 영을 통하여 역사하실 때에 우리의 마음은 그 일을 느끼지 못하는 단계도 있다. 우리가 하나님을 "아버지"라고 부르게 되는 것도 성령께서 우리의 영에 역사하시는 증거이다(롬 8:15).

그러면 성령의 책망은 어떠한가? 언젠가 나는 기도하면서 계속 울어본 적이 있다. 우는 가운데 나의 마음에는 평강이 임했다. 그것이야말로 단맛 있는 슬픔(sweet sadness)이었고, "하나님의 뜻대로 하는 근심"(고후 7:10)이었다. 그것은 마음의 근본인 영에 임하신 성령의 역사였다. 내 마음보다 위대하신 성령께서 내 속에 오시게 되면 내 마음의 자세가 바르게 된다. "우리 마음이 혹 우리를 책망할 일이 있어도 하나님은 우리 마음보다 크시고 모든 것을 아시기 때문이라"(요일 3:20).

우리 주님은 지극히 높은 데 계시면서도 통회하는 자의 마음속에 찾아오신다. "지극히 존귀하며 영원히 거하시며 거룩하다 이름하는 이가 이와 같이 말씀하시되 내가 높고 거룩한 곳에 있으며 또한 통회하고 마음이 겸손한 자와 함께 있나니 이는 겸손한 자의 영을 소생시키며 통회하는 자의 마음을 소생시키려 함이라"(사 57:15).

1. 예수 그리스도를 믿게 해 주심

성령께서는 예수 그리스도를 믿지 않는 인간의 불신앙을 책망하신다. 여기 "책망하다"라는 말(ἐλέγχω)은 '설득시키다'란 의미가 있다. 이것은 소리 없이 변론 없이 불신앙의 모순을 제거시키시는 영적 작업을 말한다. 이 책망의 역사는 과학적 분석이 없이도 만족하다. 지식적 분석을 하고 있는 인간의 마음의 본질이 잘못되었으므로 그것 자체의 방향 전환이 먼저 이루어져야 한다. 그러므로 성령께서는 인간으로 하여금 살아 계신 하나님(성자 예수 그리스도)을 믿게 해 주시려고 증거자로 오셨다(참조. 요 14:26, 15:26, 16:13-14). "태초에 말씀이 계시니라 이 말씀이 하나님과 함께 계셨으니 이 말씀은 곧 하나님이시니라"(요 1:1).

2. 승천하신 그리스도의 의(義)를 믿음으로 받게 해 주심

예수 그리스도께서 십자가에 못 박혀 죽으심으로 인간의 죄를 담당하셨다. 만일 그가 죽으시기만 하고 다시 살아나시지 않았다면, 사람들은 또다시 죄를 범하고 멸망할 것이다. 그러나 그는 부활 승천하셔서 살아 계신 대제사장으로서(히 4:14) 믿는 자들을 위하여 의(義)를 보증해 주신다(히 7:22). 그리스도의 의를 받지 못하는 자는 스스로 의롭다고 하는 자들이다. 그리스도는 겸손한 자, 곧 자기의 죄를 인정하고 통회하는 자를 소생케 하신다. 인간은 스스로 의롭다고 할 수 없으니, 그에게는 여러 가지 작은 죄들이 헤아릴 수 없이 많을 뿐 아니라, 그의 마음은 심히 부패하고 거짓되다(렘 17:9). 인간의 전적 부패를 시인하는 것이 개혁주의이다. 나는 일찍이 근 10년 동안 한학(漢學)을 공부했으나 나의 죄인 됨을 알지 못했었다. 그런데 성경이 나의 죄인 됨을 알려주었고, 오직 그리스도를 믿음으로 의를 얻게 됨을 알려주었다.

그리스도를 믿는 것이 믿음의 유일한 중요성을 차지한다. 천국을 믿는 것도 중요하지만 예수 그리스도를 믿는 것이 더 중요하다. 집을 지으신 이가 집보다 존귀하다(참조. 히 3:3). 그리스도를 믿는 심리는 어떠한가? 빛을 받은 밝음이요(요 9:5), 갈증이 해갈된 유쾌함이요(요 7:37), 예언 성취자를 만난 확신이요(요 19:28), 잃었던 길을 찾은 기쁨이요(요 14:6), 죄의 종에서 해방된 자유와 평안이요(요 8:36, 14:27), 영생을 얻은 담대함이다(요 5:24, 10:28).

사도 바울은 그리스도의 인격 중심의 전도에 대해 밝히 가르쳐 준다. "유대인은 표적을 구하고 헬라인은 지혜를 찾으나 우리는 십자가에 못 박힌 그리스도를 전하니…그리스도는 하나님의 능력이요 하나님의 지혜니라"(고전 1:22-24).

3. 마귀의 실패를 알게 해 주심

(1) 마귀의 실태

마귀를 "이 세상 임금"(요 16:11)이라고 하는 이유는, 그의 활동이 세상을 점령했기 때문이다. 마귀를 "거짓의 아비"(요 8:44)라고 하였으니, 모든 거짓은 그가 만든 것이다. 마귀는 사람의 마음을 점령하여 부패케 했고(참조. 렘 17:9), 거짓 이적을 행하여 신자들을 속인다(참조. 살후 2:9). "사단의 일꾼들도 자기를 의의 일꾼으로 가장하는 것이 또한 큰 일이 아니니라"(고후 11:15).

(2) 마귀의 활동

마귀의 활동은 강력하여 우는 사자같이 두루 다니며 삼킬 자를 찾고 있고(벧전 5:8), 할 수만 있으면 택하신 자라도 미혹하려고 하며(마 24:24), 사람의 마음속에 "독한 시기와 다툼"을 일으키고(약 3:14-15), 죽음의 권세를 잡고 있으며(히 2:14), 복음을 듣는 자의 마음에 역사하여 구원의 도를 깨닫지 못하도록 방해하며(마 13:19), 불신자들의 마음을 혼미케 하여 그리스도의 복음의 광채가 비취지 못하게 한다(고후 4:4). 그리고 사탄의 사자들, 곧 귀신들은 그 수효가 많아서 어디서나 역사할 수 있다(참조. 막 5:8-9; 계 12:9).

사탄은 일찍이 에덴동산에서 아담과 하와를 죄에 빠뜨렸고(창 3:1-6; 고후 11:3), 특별히 하나님의 귀한 종들을 넘어뜨리려고 방해 공작을 한다. 예를 들면, 사도 베드로를 시험하여 "밀 까부르듯 하려" 하였고(눅 22:31), 사도 바울에게는 그의 육체에 "가시"로 고통을 주었고(고후 12:7), 또 바울의 전도 여행의 길을 막기도 하였다(살전 2:18).

(3) 마귀의 실패

예수 그리스도께서 부활하심으로 말미암아 마귀는 이미 패망한 자이다(참조. 요 12:31). 그러므로 우리 신자들은 마귀의 세력이 실패한 것과, 그놈은 장차 무저갱에 던짐이 될 것(참조. 계 20:1-3)을 굳게 믿고 두려워하지 말아야 한다. 비록 마귀의 역사는 강하지만 신자가 믿음을 굳게 하여 저를 대적하면 능히 물리칠 수 있다(참조. 약 4:7, 벧전 5:9). 죄는 마귀의 친구이다. '그리스도 안에 있는 나는 죄를 끊을 수 있다'는 확신을 가지고 피 흘리기까지 죄와 싸워야 한다(참조. 히 12:4, 마 5:29-30). 기독 신자를 망하게 할 대적은 영원히 없다(요 10:28).

3 나의 신학

나는 모든 성경을 하나님의 영감으로 기록된 것으로 믿고 성경을 주석하는 중에 어떤 난해 문구나 난해 부분을 만났을 때에도 불신앙적인 생각을 가져본 적이 없다. 도리어 어떤 학자들의 불신앙적 이론을 비판하고 기쁨을 얻었다. 우찌무라 간조(內村鑑三)는 창세기 19장 30-38절의 말씀을 비윤리적이라고 생각하여 그 부분은 하나님의 말씀이 아니라고 하였다. 그러나 나는 그 부분 말씀에서 성경 저자의 진실성을 보게 되고, 그 부분도 하나님의 말씀으로 믿으며 그렇게 기쁘게 주장한다.

일제 시대에 평양역 대합실에서 나는 일본인 기독 신자

를 만나서 대화한 적이 있었다. 그는 나에게 "그리스도교는 진화한 종교이다"라고 하면서 그 이론의 근거를 제시했는데, 창세기 1장 1절의 "엘로힘"(하나님)이란 단어가 복수명사라는 것이다. 즉, 다신교가 진화하여 유일신 종교로 발달했다는 것이다. 그 때에 내가, 히브리어 "엘로힘(אֱלֹהִים)"은 단수(單數)의 의미를 가진 장엄 복수(莊嚴複數)이고, 수효적인 복수가 아니라고 말했더니, 그 사람은 다른 말을 못하고 슬며시 내 곁을 떠나버렸다.

성경은 단편 문서들의 문집이 아니고 유기적 통일을 지닌 말씀이다. 나는 대학 4학년 시절에 마태복음 1장 1-16절에 기록된 예수님의 족보에 대하여 생각해 본 적이 있었다. 거기서 문제된 것은 예수님의 조상들 중 기생도 있고, 또 악한 왕들도 있었던 사실이다. 예수님의 조상들이 왜 그런 사람들이었을까 하는 생각이 들었다. 그러나 나의 이 문제는 즉시 해결되었다. 즉 죄인들을 구원하시기 위하여 이 세상에 오시는 그에게는 죄인들과 깊은 접촉이 필요하셨다는 것이다.

나는 한평생 성경 무오의 진리를 믿고 성경을 해석하는 중 때로는 자유주의자들의 잘못된 주장을 비판하여 왔다. 자유주의자들의 주장 중 하나는, 디모데후서 4장 13절의 "네가 올 때에 내가 드로아 가보의 집에 둔 겉옷을 … 가져

오라"고 한 사도 바울의 말이 하나님의 말씀일 수 없다는 것이다. 그러나 나는 그 말씀도 영감된 하나님의 말씀이라고 믿고 연구하던 중 그 문구에서 은혜로운 설교까지 발견하였다. 즉 바울은 주님처럼 집 없이 살았다는 내용의 설교이다.

하나님의 말씀은 살았고 운동력이 있다(히 4:12)는 것은 하나님께서 성경 말씀을 사용하시는 때에 그의 능력의 역사가 나타난다는 것이다. 나의 신학생 시절에 어머니는 나를 몹시 핍박하였으므로 도무지 믿을 것 같지 않았다. 그래도 나는 계속 전도하였더니 어머니는 60세 되신 해에 주님께로 돌아오셨다. 이것은 어머니에게 전한 바 하나님의 말씀이 살아서 역사한 것임이 분명하다.

"나의 신학" 중에서

4 좋은 길

사도 바울은 로마에 가기 위하여 좋은 길을 얻으려고 기도하였다(롬 1:10). 그 후에 그가 기도 응답으로 좋은 길을 얻었으니, 그것이 죄 없는 죄수로서 결박되어 로마로 가게 된 것이다(행 27:1-28:31). 이 길은 고생길이었으나 마침내 로마 전도를 가능하게 만든 좋은 길이었다.

바른 신학, 바른 교회, 바른 생활을 이루는 좋은 길은 반드시 평탄한 길만은 아니다. 이 길은 가시밭길이 될 수도 있다. 가시가 찌르는 길을 경유하는 동안 좋은 것이 연성(鍊成)되어 나온다면 이 길은 좋은 길이라고 할 수 있다.

바른 신학의 옳은 말(正論)도 쉽사리 생기는 것이 아니다.

선진들의 전통대로 글을 내 놓는 것이 아무리 정통(orthodox)이라고 하지만 그것만으로 정론이 되겠는가? 될 수 없다. 그것은 오직 하나님의 말씀대로 살고 있는 경건한 생활에서 나오는 생명의 표현이어야 한다. 거기에 주체성이 있고, 역시 근원사색(original thinking)을 갖춘 생동력이 있다.

올바른 신학의 논리란 많은 수고 끝에 한마디 말을 하는 경건한 사람들의 글인 것이다. 만일 신학자들이 세상에 마음을 두고 있으면서 말로만 천국의 말을 한다면 그것은 모순이다.

바른 신학도 고난의 길을 가는 자들이 깨닫는 신학이다. 그리고 그 신학의 올바른 교훈도 고난의 결정체이어야 한다. 이 고난은 무엇보다도 기도의 고난이라고 할 수 있다. '기도'는 쉬운 일이 아니다. 그것은 마귀와 싸우는 전쟁이다. 전쟁은 생명을 내어 놓는 것이다. 이 고난은 또한 경건생활의 수고라고 할 수 있다. '경건'은 하나님과의 관계를 바로 가짐을 말한다. 이것을 소유하려면 무수한 시험을 통과해야 한다. 여기에는 핍박도 있음을 성경이 가르쳐 준다. "무릇 그리스도 예수 안에서 경건하게 살고자 하는 자는 박해를 받으리라"(딤후 3:12). 그러므로 좋은 길은 고난의 길이다.

사도 요한이 가이오 장로를 축복한 말을 보면, "네 영혼이 잘됨(헬라어의 의미는 '좋은 길을 얻음')같이 네가 범사에 잘되고('좋은 길을 얻음') 강건하기를 내가 간구하노라"고 하였다(요삼 1:1-2). 요한이 여기서 "잘되라"고 한 것은 고생이나 역경과는 상관이 없는 평탄하고 무난한 삶을 의미했을까? 그렇지 않다. 그리고 "강건함"이란 말도 육신의 건강을 말함보다 신앙의 건전을 의미하는 것이다. 신앙의 건전은 진리대로 행함을 가리킨다. 사도 요한이 가이오를 칭찬한 말에도 이 내용을 반영시켰다(요삼 1:3).

성경(특별히 신약성경)이 말하는 대로 사람이 잘 되는 것이나 건강하다는 것은 하나님의 뜻(하나님의 기뻐하시는 것)을 중심한 것이다. 하나님의 뜻이면 난관과 역경과 질병까지도 우리를 잘 되게 하는 방편이 된다. 하나님의 뜻만이 최상의 좋은 길이요, 지극히 좋은 것(supreme good)이다(참조. 롬 12:2; 빌 1:10-11). 하나님의 뜻을 따름에 있어서는 근심도 좋은 것이다(고후 7:10). 그러므로 우리의 삶과 행위는 하나님의 뜻 일변도로 결단되어야 한다. 우리는 "주의 뜻이면 우리가 살기도 하고 이것 저것을 하리라"고 진실히 고백할 수 있어야 한다.

신학의 학론은 잘 되어 나가야 한다. 하나님은 그의 뜻 안에서 인생들에게 고난의 길, 희생의 길을 주셔서 참되고 좋은 것을 이루게 하신다. "신학정론"이여! 고난의 아들이 되어 열매를 거두어라!

「신학정론」, 제1권 1호(합동신학교, 1983), pp. 2-3

5 내 마음의 소원

나는 하나님과 동행한 에녹의 신앙을 귀히 여기며, 나의 생애도 하나님과 동행하는 신앙의 삶이 되기를 원하는 마음 간절하다.

에녹이 하나님과 동행하였다는 것은, 그가 세상을 사랑하지 않고 하나님을 사랑하였다는 것을 말해준다. 성경은 세상을 사랑하는 자를 가리켜 하나님의 원수라고 하였다. "간음하는 여자들이여 세상과 벗된 것이 하나님의 원수임을 알지 못하느뇨"(약 4:4), "누구든지 세상을 사랑하면 아버지의 사랑이 그 속에 있지 아니하니"(요일 2:15)란 말씀들이 밝혀준다.

에녹이 하나님을 사랑한 그 생활도 주님의 은혜로 된 것이 틀림없다. 그런데 그 은혜도 인간 편에서 사모할 때에 얻어진다고 나는 믿는다.

나는 어느 해 여름에 세상을 사랑하지 않기 위하여 네 시간 동안 기도한 적이 있다. 그 기도 시간에 내게는 아무런 응답이 없었다. 그런데 기도를 마치고 서재로 들어가 성경을 연구할 때 내 마음속에 "하나님을 사랑하라"는 감동이 강하게 임하였고, 그와 동시에 나의 마음은 평안과 기쁨으로 채워졌다. 지금도 "하나님을 사랑하라"는 그 말씀이 나의 심령을 주장할 때마다 세상이 멀어진다.

"내 마음의 소원" 중에서

6 신본주의

신본주의(神本主義) 사상은 성경의 사상이다. 그것은 "만물이 주에게서 나오고 주로 말미암고 주에게로 돌아감이라"고 한 말씀(롬 11:36)과 같은 내용이다.

1. 신본주의 사색

(1) 우리는 신학적 사색에 있어서 하나님에게서 진리를 받아가지고 나와야 한다. 다시 말하면 우리는 하나님의 말씀(성경)이 가는 데까지 가고, 그것이 멎는 데에서 멎어야 한다. 이 일에 있어서 인간의 자율주의는 금물이다. 그뿐 아니

라 우리는 성경을 피상적으로만 알고 그 근본을 모르면 그것도 하나님의 말씀을 오해한 것이다. 우리는 성경의 일반적인 말씀도 깊이 연구하여 그 속뜻을 알 때에 그 말씀을 안다고 할 수 있다. 이 일도 하나님의 은혜로만 열매를 거두게 된다.

(2) 우리의 말씀 선포 작업이 하나님으로 말미암아 성립되어야 한다. 즉 그 일이 그리스도 안에서 성령의 도우심으로 참되게 이루어져야 한다. 신학 강의도 설교와 마찬가지로 성령의 감동으로 이루어져야 한다. 신학자들이 지식만 전달하는 데서 멎는다면 그것은 세속화된 교사로 전락된 것이다. 그들이 참으로 하나님의 말씀을 가르치는 자라면 그 작업의 과정에서도 역시 하나님을 경외해야 하며, 영감(靈感)을 받아야 된다.

(3) 우리의 신학적 사색의 목적은 하나님을 영화롭게 하는 것이다. 헤르만 바빙크(H. Bavinck)가 그의 교수 취임 연설에서 "종교와 신학"(Godsdienst en Godgeleerheid, 1902)이란 제목으로 한 말은 다음과 같다. "신학 행위도 거룩한 일이고, 그(하나님)의 이름을 영화롭게 하려는 것이다."

2. 신본주의 생활

(1) 우리 자신의 성립

우리가 거듭난 자라면 우리는 하나님의 자녀이다. 하나님께서 우리를 창조하셨을 뿐 아니라, 그가 우리를 중생시키셨다. 우리는 존재론적으로 또는 구원론적으로 온전히 하나님의 능력에서 유래되었다.

(2) 현재의 생명 유지

사람들은 모두 다 자행자지하는 것 같다. 그러나 성경은 말하기를, "우리가 그를 힘입어 살며 기동하며 존재하느니라"(행 17:28)고 한다. 그리고 또 "주의 뜻이면 우리가 살기도 하고 이것이나 저것을 하리라"(약 4:15)고 한다. 우리는 현재에도 하나님께 의존하고 있다.

(3) 우리의 올바른 목적 의식

우리는 하나님의 영광을 위하여 살고 있다. 고린도전서 10장 31절에 말하기를, "그런즉 너희가 먹든지 마시든지 무엇을 하든지 다 하나님의 영광을 위하여 하라"고 한다. 로마서 14장 7-9절에는, "우리 중에 누구든지 자기를 위하여 사는 자가 없고 자기를 위하여 죽는 자도 없도다 우리가 살아도 주를 위하여 살고 죽어도 주를 위하여 죽나니 그러므로 사나 죽으나 우리가 주의 것이로라 이를 위하여 그리스도께서 죽었다가 다시 살아나셨으니 곧 죽은 자와 산 자의 주가 되려 하심이라"고 한다. 이 말씀에 대하여 크레다너스(S. Greijdanus)는 주해하기를, "신자의 생명 자체와 그 모든 활동에 있어서, 무엇에 대해서든지 그 자신이 주가 될 수 없다"고 하였고, 또다시 말하기를, "신자는 가장 큰 것이나 가장 작은 것을 무론하고 그것을 자기에게 소속시킬 수 없다"고 하였다(*Kommentaar Op Het Nieuwe Testament*, VI^2, Romeinen 9-16, 1933, p. 594).

「성경과 신학」, 제2권 (엠마오, 1984), pp. 3-4.

7 밤이 어떻게 되었느뇨

이사야 21장 11절

밤은 깊어가지만 밝을 때가 있다. 잠시 잠간 후에 주님이 오실 때에는 밝는다(롬 13:12 상반). 그 날이 오기까지 우리는 이 어두운 세상에서 정로를 달리기 위해 등불을 가지고 있어야 하며(시 119:105), 빛의 갑옷을 입고 살아가야 한다(롬 13:12 하반).

하나님의 말씀인 성경은 우리의 등불이다. 이 등불을 높이 들어서 넓게 비추는 신학 운동이 올바로 전개되어야 성경의 권위를 바로 증거하게 되며, 또 성경의 내용을 바로 나타내게 된다. 그러므로 바른 신학 운동은 하나님의 교회에 있어서 생명처럼 중요하다. 오늘 이 일이 잘 되어가고 있는

가? 이 문제는 심각하다.

1. 성경과 일치하지 않는 신학 운동

현대에 성경의 권위를 무시하는 일반 자유주의 신학이나 실존주의 신학이 깊이 뿌리를 내리고 있다. 세계적으로 고등비평을 그대로 받아 가르치는 신학교들이 많으며, 신학 지도층에는 실존주의 신학에 대하여 매력을 느끼는 이들도 적지 않다. 한마디로 말해서 바르트와 틸리히의 신학은 예수와 그리스도를 분리시키니 성경을 위반함이다(참조. 요일 2:22).

우리가 다 아는 바이지만, 자유주의와 실존주의 신학을 일찍이 받아들인 미국이나 유럽의 교회들은 영적 부흥이 없을뿐더러 도리어 냉랭하고 속화되어서 성도들은 다 교회를 떠나갔고 현재는 웅장한 건물들만 서 있는 실정이다.

2. 신학 무관주의

교계에는 신학 무관주의의 경향도 적지 않다. 즉, 신학은 어떤 형태로 존재하든지 학문이므로 문제될 것이 없고, 실제로 신앙생활만 바로 하면 된다는 것이다. 따라서 신학 운동에 시비를 논할 필요가 없다는 것이다. 그러나 지도자의 신학은 그의 신앙과 그의 성경관에 영향을 미친다. 그의 신학이 바르지 못하면 그의 성경 해석이 바르지 못하므로 듣는 자들의 신앙을 무너뜨린다(참조. 딤후 2:18).

3. 부실 교육의 문제성

이 점에서는 자타가 경성하여 개선해야 한다. 근년에 신학교의 수가 많은 것도 문제되지 않는 것은 아니지만, 그 학교들이 너무 많은 학생들을 받아들이고 그들을 착실히 훈련시키지 못하는 경우에 그것은 큰 문제가 된다. 신학교에서 배출되는 신학도들이 얼마나 성경을 바로 알고 확신을 가지고 졸업하는가 하는 것이 문제이다. 이것은 우리 모두가 경성하여 천추에 한이 없도록 해결해야 할 과제이다.

중세 교회가 흑암으로 뒤덮였던 원인을 살펴보면, 로마의 콘스탄티누스 대제가 기독교를 관용하고 후원하는 그 기회를 타고 많은 사람들이 교회로 몰려 왔는데, 그들을 성경으로 바로 가르치지 못했으므로 교회의 지도자 가운데는 성경에 무식한 자가 많았으며, 심지어는 거듭나지 않은 자들도 넘쳤던 것이다. 영적 무식은 영적 부패를 동반하는 법이다. 중세의 암흑 상태는 세계 역사가 증명하고 있다. 중세는 암흑시대(Dark Age)였다.

「신학정론」, 제2권 1호(합동신학교, 1983), pp.2-3

8 교회 개혁의 성업(聖業)과 교리 문제

선교 100주년을 맞이한 우리는 한마음으로 하나님께 감사와 영광을 돌리는 바이다. 한국 교회의 성장을 세계 교회가 바라보고 있고, 또 우리 주님께서 지켜보신다. 그런데 이 땅에 심어진 개혁주의 교회(혹은 장로교회)가 근년에 이르러서 하나님 중심의 공화주의에서 인간의 교권주의로 바뀌어가는 현실을 우리는 부인할 수 없다. 다시 말하면, 장로교 헌법의 "교회의 모든 권리는 교인에게 있다"란 성경적 헌장은 유야무야로 돌아가고, 오늘날 목사의 권리가 교회를 지배하는 경향이 짙어간다. 그러므로 교회의 이 방면 개혁은 너무도 절실하다. 우리는 이러한 물결에 밀려 떠내려가거나 허우적거리기만 할 것이 아니라, 스스로 각성하여 우리들 자신부터 과감히 개혁하는 바른 운동을 성취시켜야 하겠다. 이대로 살다가 훗날 어떻게 주님 앞에서 계산할 수 있겠는가?

그뿐 아니라 우리의 개혁 운동은 바로 깨달은 성경과 교리에 근거하고 옛 것을 도로 찾는 데 있다. 성경을 성경으로 해석한 바른 증거와 성경에 입각한 올바른 교리 선포는 개혁주의 교회(장로교회)의 핵심이요 생명이다. 언제라도 성경의 진리 체계와 일치하지 않는 독단적인 그릇된 해석은 시정되어야 한다. 개혁주의는 계속 고칠 것은 과감하게 고치는 운동이기도 하다. 성경 해석에 있어서 누구든지 역대의 모든 바른 해석을 무시하고 독단을 관철하려는 고집은 매우 두려운 일이 아닐 수 없다.

우리는 성경과 교리를 동일시하지는 않는다. 성경은 교리의 표준이요 또 정당한 교리의 원천이다. 그러므로 우리는 교리가 성경에 부합하는 한, 그것을 받는다. 주의할 것은, 개인이 교리를 만들 권리는 전혀 없다는 것이다. 교리 작성은 교회 공동체가 성경에 근거하여 할 수 있는 것이며, 또 고백하는 것이다. 과거 어느 시대에나 기독 신자들 가운데 교리를 중요시하지 않는 이들이 있어 왔다. 그들은 말하기를, "교리가 나타날 때에는 논쟁이 있게 되고, 교회 분열의 위험을 초래하게 된다"고 한다. 그러나 이 세상은 이단도 없고 죄악도 없는 무사기한 에덴 동산 같은 데가 아니다. 복음과 반대되는 주장을 가지고도 복음의 탈을 쓰고 나타나는 이단자들과 사이비 종파가 왕왕 일어나는 이 죄악 세상에서 바른 주장을 세우지 않는다면 어떻게 되겠는가?

교리사를 연구해 봄으로 우리가 알게 되는 것은, 성경적 교리들이 하나하나 나타나게 된 동기가 이단을 방지하기 위함이었다는 사실이다. 예를 들면, 4세기(주후 325)에 니케아 공의회가 그리스도의 신성(神性)을 중대한 교리로 선포한 것은, 아리우스(Arius)의 이단설(그리스도 예수께서 하나님이 아니라는 것) 때문이 아니었던가! 그 뒤에 여러 교리들을 세우게 된 역사적 동기 역시 성경을 바로 증거하기 위함이었다. 바른 교리는 성경에 포함되어 있는 것이지만, 그것이 특별히 인식에 감명(感銘)되도록 조목으로 선포되는 이유는, 그것에 반대되는 교훈을 막기 위함이다.

그뿐 아니라 근년에 이르러 물량주의가 팽창해 가면서 교회는 그 성결성(혹은 순결성) 교리를 지키지 않는 경향이 보인다. 성결성 교리는 교회의 5대 본질(단일성, 보편성, 성결성, 사도성, 불멸성) 가운데 하나로서 그 중요함은 말할 것도 없다. 이것은 생활의 순결을 말하는 것이다. 교회가 바른 교리를 문서로 가지고 있는 것만으로 족한 것은 아니다. 교회가 그것을 교인들에게 가르쳐야 하며, 또 교리를 거스르는 생활이나 행정을 용납하지 말아야 한다. 그런데 현하 개신교계는 은근히 가톨릭을 닮아가는 것 같은 현실이 아닌가? 교리의 순결보다 외부적인 교세 확장을 우선으로 하는 것은 옳지 않다. 교회는 세력 단체가 아니요 증거 단체이니만큼 양보다 질을 앞세워 신자들의 성화를 중요시해야 한다. 이를 위한 구체적 작업은 건전하고 깊이 있는 신학 운동과 집중적인 평신도 훈련 및 성경적인 권징 시행이다.

「신학정론」, 제2권 2호(합동신학교, 1984), pp. 202-203.

9 개혁 교회의 목사상

개혁 교회는 개신 교회라는 말과는 좀 다르다. "개혁 교회"는 '칼빈주의 교회', 혹은 '개혁주의 교회'를 의미한다. 그런데 개혁주의 교회, 혹은 개혁 교회라는 것은 지금 우리 시대에 또 한 번 종교개혁을 하는 교회라는 말은 아니다. 개혁 교회는 일찍이 16세기에 루터와 칼빈을 비롯하여 개혁자들이 종교개혁을 이루어서 우리들에게 전해 준 그 유산을 지키는 운동이다. 그러므로 우리 시대의 "개혁"이란 것은 이미 성경대로 이루어 놓은 개혁 교회를 그대로 잘 지키자는 교회 운동이다. 이같이 종교개혁의 유산을 잘 지켜 나가는 것이 우리들의 책임이다.

한 가지 예를 들어 말하면, 오늘날은 비참하게도 교회 교리가 불신임을 당하고 있는 때이다. 그러므로 우리의 개혁 운동이 교리와는 관계가 없는 것이라고 장담할 수는 없다. 어느 교회든지 교리를 문서로 가지고 있는 것만으로는 교리를 가졌다고 할 수 없다. 교리를 문서로 가지고 있으면서도 그 교리를 수호하지 않는 교회는 문제가 있다.

오늘날 교회들은 동서양을 물론하고 좋지 못한 유사점이 있으니, 그것은 참 교회의 세 가지 표지(標識) 가운데 하나, 즉 하나님의 말씀을 가감 없이 바로 전해야 하는 이 문제에 있어서 너무나 미급한 형편이라고 생각된다. 목회자들은 그 자신이 성경을 바로 깨닫고 바로 전하는 성경 중심의 목회를 하려고 계속 힘써야 한다.

그뿐 아니라 권징 시행을 바로 하는 것이 참 교회의 표지인데, 오늘날 교계에는 권징 시행이 거의 없는 실정이 아닌가! 하나님의 말씀에 의지하여 권징을 바로 시행하는 때에 교회의 권위가 서게 되고, 주님의 영광이 교회에 나타나게 되고, 온 교회가 하나님 앞에서 다 함께 정신을 차리게 되고, 하나님을 두려워하는 거룩한 삶이 나타나게 된다.

교권주의(教權主義)라는 것은 교회론에 있어서, 일찍이 종교개혁자들이 순교하면서까지 성경대로 주장하여 이루어 놓은 그 교리를 지키지 않는 것이다. 그 교리들 중에서 특히 "만인 제사장" 교리는 거의 지켜지지 못하고 있는 실정이 아닌가! "만인 제사장"(벧전 2:9) 교리란, 교역자나 일반 신자나 차별 없이 구원받은 성도는 모두 다 하나님 앞에서 "제사장"이라는 것이다. 목사는 한 계단 더 높은 제사장도 아니며, 대제사장도 아니다. 신약시대의 대제사장은 오직 예수 그리스도 한 분뿐이시다(히 4:14). 그런데 많은 교회들에서 이루어지고 있는 실상은 어떠한가? 목사 혼자서 독단적으로 교회를 운영해 나간다고 하리만큼 너무도 지배적이니, 이런 문제도 개혁하여, 목사를 비롯해서 모든 신자들이 진리대로 바로 살아야만 되겠다.

목사는 신자들에게 성경을 명확하게 가르쳐서 그들로 하여금 자신의 신분을 바로 알고, 하나님을 바로 섬기도록 도와주어야 하며, 또 그들로 하여금 주님의 사랑의 강권을 받아서 진실과 인내로써 주님의 교회를 희생적으로 봉사하도록 지도할 책임이 있다.

1. 소명을 받음

개혁 교회는 목사에 대하여 그의 소명 의식을 생명같이 주장한다. 그러면 소명감을 확인하는 방법은 무엇인가? 부활하신 예수님께서 베드로를 소명하실 때에 "요한의 아들

시몬아 네가 …나를 사랑하느냐"라고 물으시고, "주님 그러하나이다 내가 주님을 사랑하는 줄 주님께서 아시나이다"라는 베드로의 대답을 받으신 후 "내 양을 먹이라"(요 21:16)고 말씀하셨다. 이 말씀에서 우리는 주님을 사랑함이 소명 받는 자에게 있어서 심장과 같은 요소임을 알게 된다.

목사들이 주님의 일을 한다고 하면서 그 일에 치중하여 주님을 잊어버리는 경우가 허다한 줄로 안다. 우리가 무슨 일을 하든지 심령으로는 계속 주님을 찾아야 하겠고, 언제나 주님을 사모하는 마음으로 우리의 가슴이 뜨거워져 있어야 하지 않겠는가.

우리는 주님을 사랑하는 그 재미로 우리의 사명을 수행해야 한다. 사람이 사랑을 받고 사랑을 주는 데서 인생의 참된 즐거움과 보람을 느끼게 되는 것은 사실이다. 베드로전서 1장 8절에, "예수를 너희가 보지 못하였으나 사랑하는도다 이제도 보지 못하나 믿고 말할 수 없는 영광스러운 즐거움으로 기뻐하니"라고 한 말씀과 같이, 보이지 않는 주님을 사모하며, 그의 은혜를 더 받고자 갈망하면서 보이지 않는 세계에 흥미를 가지고 그 세계를 향하여 긴장해 있는 그것이 주님을 사랑하는 자의 특징이라고 할 수 있다.

그런데 하나님의 소명을 받고 하늘의 복된 소식을 전파하는 귀한 위치에 있는 목사로서 보이는 이 세상 것에 더 흥미를 느끼고, 보이지 않는 것에 대해서는 건망증과 무관심 또는 외면하는 자리에 있다면 그는 거기서부터 타락하는 것이다. 목사가 되어서 신령한 기쁨을 모르고 목사로서의 영적 체험이 없다면 그는 불행한 자리에서 살고 있는 것이다.

2. 성령의 감화

성령의 감화에 대하여는 주님을 위하여 사역하는 이들이 다 아는 바이다. 성령의 감화는 무엇보다도 성경과 나와의 관계가 밀접해질 때에 성경의 위대한 권위가 내 속사람에게 느껴지며, 성경의 위대한 내용이 내 속사람과 접촉될 때에 깨달아지는 거기에서 체험하게 되는 것이다. 나의 이 말은 나의 신앙적 양심으로 하는 것이며, 개혁 교회의 모든 목사들이 다 동일한 체험을 하는 줄로 생각한다. 나의 고백은 "온 세상 사람들이 성경을 안 믿어도 '나'는 믿겠다. '나' 자신(육의 사람)이 성경을 안 믿어도 '나'(중생한 자아)는 믿겠다"라는 것이다.

그뿐 아니라 우리가 성경을 묵상할 때에 역시 성령의 감화를 받는다. '묵상'이라는 것은 성경을 깨닫기 위하여 깊이 생각하며, 또한 성경대로 행하기 위하여 생각하는 것을 말한다. 매사에 있어서 내가 어떻게 하는 것이 성경 말씀에 부합되는지, 내가 선택한 방법이 성경 말씀을 지키는 데 걸림이 되지 않는지, 항상 성경과의 관계를 살피며 생각하는 것이 '묵상'이다. 이처럼 하나님의 말씀을 계속 묵상하는 그 마음에 성령의 감화가 임한다.

개혁 교회의 유명한 목사 리처드 백스터는 대학 과정을 공부하지 못한 목사였다. 그러나 그는 항상 성경을 깊이 연구하고 그 말씀을 늘 묵상하였으므로 창세기부터 요한계시록까지 성경을 환하게 알고 있었다. 그러므로 그는 "걸어 다니는 성구사전"(Walking Concordance)이란 별명을 얻을 정도였다. 그는 목회에 열매를 많이 맺었다. 그가 어느 지방 교회에 부임했을 때에 그 지방에는 신자가 두 가정뿐이었다. 그런데 그가 그 곳을 떠날 때에는 두 가정 외에는 그 마을 사람들이 다 믿었다는 기록이 있다.

목사는 성경을 묵상함으로 성령의 세미한 음성을 들어야 하며, 그 마음속에 성경 말씀을 뜨겁게 그리고 생명력 있게 깨닫는 은혜를 받아야 한다.

목사는 또한 설교 사역에 의해서 성령의 감화를 늘 체험한다. 그가 강단에 설 때 어떤 때에는 성령의 역사가 임하지 않는 체험을 하고, 어떤 때에는 성령의 역사가 임하는 체험을 하는데, 그 때마다 깨닫는 것이 많다. 참 목사라면 설교 원고를 아무리 잘 준비했을지라도 그 마음에 죄를 품고는 은혜로운 설교를 하지 못한다. 성령께서는 죄를 용납하시지 않으므로 먼저 회개해야 한다. 성령의 감화를 받는 것이 목사의 생명이다.

3. 파수꾼

개혁 교회의 목사는 파수꾼이어야 한다. 하나님의 교회의 파수꾼은 진리를 지키는 사람이다. 파수꾼은 낙심하지 않는다. 낙심하는 것은 목사들에게 있어서 금물이다. 우리 목사들은 누구보다도 나 자신부터 개혁하도록 힘써야 한다. 우리가 다 함께 "자신부터 고치자"고 하는 것은, 마치 병자들이 피차에 그 병을 고치자고 하는 말과 같은 것이 아니겠는가.

파수꾼은 깨어 있다. 목사는 깨어 있어서 자기를 살펴야 한다. 우리는 겸손한 마음으로 선배나 동역자에게 말하기를, "나 자신은 올바로 목회한다고 생각하고 있는데, 내가 고쳐야 할 것이 무엇인지 가르쳐 주시오." 하면서 자신의 개혁에 대하여 연구하며, 한국 교회 전체를 위해서, 세계 교회를 위해서 차원 높은 바른 교회를 세워 나가려고 힘쓰자.

만일 우리가 스스로 만족하여서 우리 마음에 뚜렷한 각성이 없고, 우리의 목회 생활에도 이렇다 할 개선이 없이 여전히 정치성을 가지고 그 자리에 머물러 있다면, 그것은 하나님의 진노를 쌓는 두려운 일이다.

4. 봉사

개혁 교회의 목사는 섬기는 자세로 일해야 한다. 교회사를 읽어 보면 중세 교회의 부패상이 여러 가지로 나타나고 있다. 그 가운데 한 가지는, 교직자들이 입는 가운 문제라고 할 수 있다. 교직자가 가운을 입는 그 자체를 죄라고 말할 수는 없지만 그것을 입기 시작한 동기가 그리 좋지 않았고, 또 그것을 사용해 오면서 많은 죄악도 발생했다고 생각한다.

로마의 콘스탄티누스 대제가 기독교를 국교로 만들다시피 하고, 그가 예루살렘의 감독에게 금실로 짠 가운을 선사하였다. 그 이후부터 교직자들이 이 가운을 발달시켜서 색상도 다양하게 흰 가운, 검은 가운, 푸른 가운 등을 만들어 입고 교권을 과시하는 도구로 삼아 왔다.

그런데 오늘날 개혁 교회의 목사들이 이 세상의 영광을 좋아하여 무엇을 하나 걸쳐 입고서 거룩한 모양을 내며, 하나님의 귀한 백성을 우롱하는 이러한 시대가 되어버렸다. 가운을 입는 목사들이 어느 때에는 흰 가운, 어느 때에는 검은 가운을 입고, 또 가운에 걸치는 것도 여러 가지로 바꾸어 그것으로 어떤 권위를 나타내려고 하는 인상을 풍기니, 이것은 다시 종교개혁 이전의 모습으로 돌아가는 것이 아니겠는가? 어쩌다가 한 번 가운을 입는 그것은 죄가 아니지만 그것을 입음으로써 목사의 심리가 이상스럽게 돌아가고, 동시에 만인 제사장주의의 성경적 교회 생활에 폐단이 생기게 된다면, 그것은 위험하다.

이 시대에 많은 교역자들이 자기는 교회에서 구별된 특수층의 신분으로 생각하고 그렇게 처신하면서 그것이 습성화되고 풍토화되어 스스로 속고 있다. 또한 이런 사상에 물든 교인들 역시 그 목사를 볼 때에는 어떤 상층급 신자로 생각하고 있으니, 이 모두가 얼마나 성경을 위반하는 잘못인가!

목사는 마땅히 섬기는 자로서 교우들에게 성경을 바로 가르치려고 계속 힘써야 하며, 교우들 중 한 영혼도 어두운 자리에 머물지 않도록 그들을 바로 지도하려고 항상 깨어 있어야 한다.

5. 고난을 받음

베드로전서 4장 14절에, "너희가 그리스도의 이름으로 치욕을 당하면 복 있는 자로다 영광의 영 곧 하나님의 영이 너희 위에 계심이라"고 하였다. 여기 "계시다"란 말은 헬라어 원문을 직역하면 "안식한다"는 말이다. 그저 존재한다는 말이 아니고 안식한다는 말에서 우리는 깨달을 것이 있다. 영광의 영, 곧 하나님의 영께서 그리스도를 위하여 고난 받는 신자를 만족하게 여기신다는 것이다. 하나님은 그리스도의 이름으로 고난 받는 목사를 사랑하신다.

10 개혁 교회의 생활 특징

우리는 진리 문제에 있어서 자타를 막론하고 공정한 논의를 할 수 있다. 그러나 다른 교파에 대하여 편견을 가지고 혹평을 남발하지는 말아야 한다. 남의 주장에 대하여 비평할 때에는 신중과 공정을 기해야 하고, 진리를 분별해야 되지만(요일 4:1), 증오감으로 남을 폄론하는 것은 삼가야 한다.

진리를 주장하는 자로서 형제간의 화목에 대하여 관심이 없는 것은 병통이다. 신자들이 왜 화목을 이루지 못하는가? 그것은 친구와 원수를 바로 분간하는 지혜가 부족한 까닭이다. 우리는 친구가 누구며 원수가 누구인지 바로 분별해야 한다. 어떤 때에는 원수 같은 사람도 친구일 수 있다. 나를 바로 인도해 주려고 내게 바른말을 해주는 사람이라면 그의 태도가 부드럽지 못하고 비판적이며 이해심이 없는 것 같고 나를 푸대접한 일까지 있었다 할지라도 그는 나의 원수가 아니라 나의 친구이다. 그 이유는 그가 내게 유익을 주려 하기 때문이다. 그가 의리로써 내가 걸어갈 방향을 바로 말해준 점에 있어서는 의인의 역할을 감당한 것이다. 의리를 가지고 나를 깨우쳐 주는 사람으로서는 온유함과 양보의 자세로써 내게 접촉하기는 어려운 일이다. 그러므로 우리가 상대방의 그런 약점을 인하여 그의 호의를 무시하고 그의 사랑(잠 27:5-6)을 배척하며 그를 원수처럼 멀리한다면, 그것은 배은망덕의 죄가 된다.

우리 교계에서 말을 할 때마다 "신앙, 신앙" 하면서 지식을 반대하는 일이 없기를 바란다. 지식으로 인하여 교만해지는 것은 경계할 일이지만 지식 자체를 배척하면 되겠는가? 좋은 지식은 하나님이 내신 것이니, 그것을 배척함은 하나님의 선하신 뜻을 배척함과 다름이 없다.

교회의 부패는 교역자들의 영력 부족으로 일어나기도 하지만 교역자들의 무식으로부터 생기기도 한다. 16세기에 구교의 교역자들의 무식은 말할 수 없이 비참한 지경이었다. 그 때에 농촌 교회에는 목동, 악인, 사냥꾼들이 설교하였다고 한다. 당시에 유명한 교역자로 알려진 토마스 린네켈이란 사람은 신약성경을 한 번도 읽어 본 적이 없었다고 하니, 우리는 교회의 부패와 무식이 서로 관련되어 있음을 알 수 있다.

종교개혁 사업의 성공은 지도자들의 지능 문제와 밀접한 관계가 있다. 성경에는 무식을 칭찬한 말씀이 없다. 메시아를 배척한 이스라엘의 실패도 무식 때문이 아니었던가! 사도 바울은 탄식하며 말하기를, "내가 증언하노니 그들이 하나님께 열심이 있으나 올바른 지식을 따른 것이 아니니라"(롬 10:2)고 하였다.

어느 시대에나 학문은 교회 지도자들에게 참으로 필요하다. 그렇지만 학문이 신앙 인격의 중심이 아니라는 것을 우리는 기억해야 한다. 츠빙글리는 학위를 받고도 사용하지 않았다. 정통 주경학자인 고데(F. L. Godet, 1812-1900)는 말하기를, "신학에서 무서운 잘못은 순전한 지식주의이다"라고 하였고, 그는 또 말하기를, "진정한 지식에 이르는 방법은 자신을 거룩히 함에 있다"고 하였다. 유명한 맹인 주석가 리겐바키(E. Riggenbach, 1861-1927)는 자신의 정통 교리를 취소하라는 압력에도 불구하고 그 옳은 교리를 파수하기 위해 교수직을 포기하면서조차 평생 낮은 자리에서 믿음을 지키며 살았다.

11 바른 신학

개혁주의 신학의 주요 원리

1. 하나님의 주권

우리는 기독교 교리를 중요시한다. 교리 문제는 신앙생활의 실제 문제이다. 제각기 성경주의라고 하지만 어떤 방법으로 성경을 해석하는 성경주의인지, 그것이 문제이다. 성경을 성경으로 해석하는 바른 해석 원리를 가진 성경주의만이 참된 성경주의이다.

교리(敎理)라는 것은 사람이 성경을 깨달은 대로 가지는 공고백(公告白)인데, 이 공고백의 차이로 인하여 교파가 이루어지는 것이다. 즉 이 세상에서는 기독교 안에 여러 교파가 있을 수밖에 없다. 그 이유는 이 죄악 세상에서는 신자들(특히 지도층)이 성경 교리를 다르게 가지는 까닭이다.

개혁주의는 인간의 사상이 아니라, 성경의 본 뜻을 바로 찾아서 가르친 신학 사상을 의미한다고, 우리는 믿는다. 그러면 개혁주의의 기본 원리는 무엇인가? 그것은 학자들 간에 서로 조금씩 다르게 말하지만, 일반이 인정하는 답안은 "하나님의 주권"(sovereignty of God)이다.

하나님의 주권이란 무엇인가? 그것은 신자가 어디서나 무엇에서나 하나님의 경륜(經綸)과 섭리(攝理)와 의지(意志)의 활동을 생각하게 되는 것을 의미한다.

하나님의 주권 사상은 칼빈(J. Calvin)이 성경에서 얻은 것이다(참조. 왕하 19:15; 욥 42:2; 시 24:1, 33:11, 139:7-10; 잠 16:4, 21:30; 사 14:24, 45:7, 54:5; 단 4:35; 롬 9:15-18). 칼빈주의(개혁주의)의 규준(規準)은 성경이다. 칼빈주의는 성경에서 시작하고 성경으로 진행하고 성경으로 마감한다. 칼빈주의는 성경이 가는 데까지 가고 성경이 멎는 데서 멎는다. 그 이유는 칼빈주의는 성경에 기록된 말씀이 바로 하나님의 말씀이라고 믿기 때문이다. 이것은 위기신학과 대조된다. 위기신학(바르트주의)에서는 **시간, 공간 세계에서 적극성 있는, 또는 상태성 있는 것**을 하나님의 계시라고 하며, 하나님의 섭리적 활동을 인정하지 않는다.

개혁주의는 성경 말씀 그대로, 하나님은 우리의 머리털까지 세시며 참새 한 마리가 땅에 떨어지는 것까지 관계하고 계심을 믿는다(마 10:29-30). 개혁주의는 초월 세계뿐 아니라, 시간 공간 세계에도 하나님의 무소부재(無所不在)를 생각한다.

2. 개혁주의 성경관

개혁주의에서는 자연 계시(自然啓示: 피조 세계)도 인간으로 하여금 하나님을 알게 하기에 충족하다고 생각한다. 그러나 인간이 그의 죄 때문에 자연 계시 그것만으로는 하나님을 아는 데 이르지 못함을 시인한다. 하나님께서 그의 백성에게 특별 계시, 곧 성경을 주셨으니 이 성경은 하나님께서 나에게 지금 하늘에서 친히 말씀하시는 그 말씀이라고 생각한다.

성경은 자연 계시의 일들을 바로 해석해 준다. 그뿐 아니라, 성경은 자연 계시가 보여주지 못하는 하나님의 모든 의지와 구원의 경륜을 말해 주며, 단번에 주신 계시이지만 언제나 충족한 절대적인 표준의 말씀이 되는 것이다.

첫째, 이 말씀은 인간에게 충고를 주는 정도의 것이 아니라, 이 말씀을 순종치 않으면 망할 수밖에 없고, 이 말씀으로만 구원을 받을 수 있는 절대적인 말씀이다.

둘째, 이 말씀은 전폭적으로 하나님의 감동으로 기록된 것이어서 절대로 오류가 없는 말씀이다.

셋째, 이 말씀은 성령의 감화하심으로만 깨달을 수 있다고 믿는 고로, 성령으로 말미암은 중생이 성경 연구에 선행되어야 함을 주장한다.

넷째, 성경의 역사적 문법적 요소를 깊이 연구해야 할 것을 강조한다. 그 이유는 성경 저자들이 그들의 살고 있었던 그 시대의 문화와 지식을 그 기록에 반영시켰기 때문이다. 개혁주의가 주장하는 유기적 영감설은 성경 저자들이 그 저술에 있어서 자신들의 지식도 사용했다는 것이다.

그러므로 성경 해석자는 고고학이나 역사학에 의하여 성경 시대의 문화와 배경을 자세히 연구함으로 성경을 깨닫는 데 도움을 받는다. 예를 들면 성경 저자가 세속 문학의 어떤 자료를 인용했을 수 있으니(딛 1:12), 그렇다면 해석자는 그 자료를 그 문원(文原)에서 연구하는 것이 필요하다. 이 점에서 우리가 명심할 것은 성경 저자가 세속 문학의 자료를 인용할 때에도 하나님의 영적 감동에 의하여 바로 채택한 사실이다.

개혁주의 신앙은 성경에 관하여 다음의 중요한 속성들을 믿는다.

(1) 성경의 권위

칼빈은 디모데후서 3장 16절을 해석함에 있어서, 로마 가톨릭 교회의 성경 교리를 그대로 해명하였다. 곧 "교회는 시간적으로든지 논리적으로든지 성경보다 앞선다. 교회가 없이는 성경이 있을 수 없으나, 성경은 없어도 교회는 있을 수 있다"고 한 말이다. 이 학설은 성경이 전적으로 교회에 의존한다고 하는 것이다.

그러나 개혁주의 신학은 이 점을 반대하고 성경의 독자적 신빙성 교리를 말한다. 이 교리는 교회보다도 하나님의 말씀이 시간적으로나 논리적으로나 우선하는 권위를 가지는 동시에, 모든 인간들의 사상이나 특별히 교회의 모든 사상까지도 성경의 말씀으로 판단을 받아야 한다고 가르친다. 동시에 이 교리의 의미는 인간의 협력이나, 이해나, 증명이나, 동의의 원조를 기다릴 필요 없이 성경은 독자적으로 진리의 권위를 가지고 있음을 의미한다.

어떤 이는 말하기를, "성경이 있기 전에 교회가 있었다"고 한다. 그러나 성경은 기록된 문서로 있기 전에 이미 불문계시(不文啓示)로 있었던 것이 원인이 되어서 교회가 일어나게 된 것이며, 성경이 그 존재의 형태에 있어서는 교회 창립 시대와 교회 전성 시대 사이에 시간차가 있지만, 그 존재의 원리는 그 어느 때나 공통된다. 그러므로 시간적으로든지 논리적으로든지 성경의 권위가 교회보다 앞서는 것이다.

무엇보다도 성경 자체가 분명히 가르치기를, 하나님의 말씀은 불문적(不文的)으로 혹은 성문적(成文的)으로 독자적 존재이며, 교회의 증거가 된다고 한다(참조. 신 4:1; 사 8:20; 겔 20:19; 눅 16:29; 요 5:39; 엡 2:20; 딤후 3:15; 벧후 1:19).

교회는 하나님의 말씀을 증거하는 입장이고, 하나님의 말씀은 교회 위에 서 있는 것이다. 교회는 하나님의 말씀에 대한 신앙을 사람의 마음에 결코 발생시킬 수 없다. 그 일은 오직 하나님의 말씀과 성령의 능력으로만 이루어진다. 그리고 성령께서는 하나님의 말씀으로만 역사하신다(참조. 렘 23:29; 눅 8:11; 요 14:26, 16:13-14; 롬 1:16; 히 4:12; 벧전 1:23).

칼빈은 특히 사람이 하나님의 말씀을 믿게 되는 점에 대하여 그의 기독교강요에 길게 논술하였으니, 그것은 "성령의 증거"라는 교리이다. 성령의 증거는 사람으로 하여금 성경을 하나님의 말씀으로 믿게 하는 역사이고, 성경 이외에 어떠한 새로운 계시(성경과 동등한 권위의 말씀)를 주시는 운동이 아니다. 다시 말하면 성령의 증거는 엄정한 의미에서 계시가 아니고 사도와 선지자의 유전 내용, 곧 성경이 하나님의 말씀인 것을 승복하게 하시는 역사이다.

(2) 성경의 필요성(혹은 필연성)

로마교회는 교회의 독자적 신빙성을 생각하고, 교회 자체가 성령으로 말미암아 살아갈 수 있는 자체적 충족성을 가졌다고 한다. 그러므로 로마교회는 교회의 본질에 대한 성경의 필연성을 느끼지 않는다. 이 같은 생각은 로마교회만이 아니라, 모든 신비주의자들의 생각도 역시 마찬가지이다. 신비주의적이었던 그노시스(Gnosis) 학파는 성경을 풍유적으로 해석하여 그노시스주의의 체계에 맞도록 이용하였다. 그들은 말하기를, "인간이 영적 발달에 따라서 성경을 참고하게 되는데, 그 발달의 초급에서는 성경이 유용하지만, 그 발달의 높은 단계에 이르러는 성경을 초월하거나 성경을 사용하지 않게 된다"고 하였다. 중세 때 프랑스와 독일의 신비주의자들은 성경을 하나의 도구, 즉 명상이나 입신에 이르는 사닥다리로 생각하였다. 그뿐 아니라 낭만주의 신학자 슐라이어마허(Schleiermacher)는, 성경을 교회의 산물이라고 하여 시대를 따라 새것이 보충될 수 있다고 생각한 것이다. 이러한 사상은 교회의 존재와 그 유지를 위하여 성경이 먼저 있어야 할 것과 절대적으로 필요한 사실을 무시한 것이다.

(3) 성경의 명백성

로마교회는 일반 신자들에게 성경을 공개하지 않는 것을 원칙으로 한다. 그 이유는 그 교회 지도층의 판단에, 성경은 오묘하여 일반 신자들은 알 수 없고 또 그들의 아는 것을 위험시했기 때문이다. 교황들 이외의 사람들에게는 성경 해석권이 부여되어 있지 않았다. 그러므로 어느 학자의 해석이 옳다 할지라도 교황의 승인이 없이는 그것을 아무에게도 가르칠 수 없게 하였다. 이처럼 로마교회는 교중이 성경을 자유로 읽거나 해석하는 것을 제한했던 것이다.

그러나 성경은 일반 신자들이 알 수 없는 말씀이 아니다. 이 말씀은 누구든지 다 읽도록 하기 위하여 기록된 것이다(신 30:11).

개혁주의 교회는 성경의 명백성 교리를 성경적으로 바로 주장한다. 요한일서 4장 1절에, 영을 분변하라고 하였는데, 이 말씀은 교직자에게만 주는 말씀이 아니다. 모든 신자들은 일반적 의미에서 하나님 앞에 제사장이므로(벧전 2:9), 일반 신자들도 하나님의 말씀을 읽을 권리가 있고 또한 많이 배워서 진리를 분변할 특권을 가진다. 성경의 교훈은 교회가 거짓 선지자를 영접하지 않아야 한다고 가르친다(참조. 요이 1:10). 그 말씀의 내용은 신자들이 하나님의 말씀을 익숙히 알아야 될 것과 진리를 옳게 분변해야 될 것을 가르친다.

(4) 성경의 충족성

이 교리는 "성경의 완전성"이라고도 부른다. 로마교회는 성경에 불완전한 점이 있다는 의미에서 거기에 교황들의 유전을 보충하였다. 그러나 개혁주의는 성경이 우리의 신앙생활을 교도하기에 언제나 충족하다고 주장한다. 그리스도께서 육신으로 오셔서 인류의 구원을 완성하셨으니 만큼 그가 계시자로서 그 계시를 완성하신 것이다. 히브리서 1장 2절의 말씀은 분명히 신약 계시(新約啓示)의 최종성 혹은 완전성을 증거한다.

위에서 개혁주의의 성경 교리를 네 가지로 지적하였다. 여기서 한 가지 더 생각할 것은, 사람이 성경을 어떻게 하나님의 말씀으로 믿게 되는가 하는 문제이다. 아브라함 카이퍼는 말하기를, "사람이 성경을 하나님의 말씀으로 인정하고 믿게 되는 것은 그가 거듭나서 성령의 증거로 말미암아 되는 것이니, 그것을 과학적으로 증명하기는 곤란하다. 이는 마치, 소경이 눈을 뜬 후에 말하기를, '그가(예수께서) 죄인인지 내가 알지 못하나 한 가지 아는 것은 내가 맹인으로 있다가 지금 보는 그것이니이다'(요 9:25)라고 한 것과 같다. 이 일을 누가 신비주의라고 할지라도 무방하다. 신자는 그의 마음에 있는 이와 같은 신비주의에 의하여 '성경은 하나님의 말씀'이라는 권위에 자기를 속박시킨다. 하나님의 말씀인 성경의 권위에 대한 나의 승복을 과학으로 설명하려 할 필요가 없는 것은, 마치, 우리의 폐(肺)가 과학적 설명 이전에 이미 호흡을 돕는 것과 마찬가지이다"라고 하였다. 카이퍼의 이 말은 성경 말씀이 인간의 이성(理性)을 초월하였지만 그것과 모순되지는 않다는 것이다. 칼빈도 카이퍼의 해석과 다르지 않게 성경의 권위는 과학으로 설명할 수 없고 오직 성령의 증거로만 믿을 수 있다고 하였다. 그와 동시에 그는 성경의 내용이 인간의 이성과 모순되지 않다는 사실을 길게 논증하였다.

3. 개혁주의 인생관

로마교회에서는 하나님과 사람 사이에 교회를 두고 사람과 하나님과의 직접 교제를 막는 경향이 있다. 그렇지만 개혁주의는 신자와 하나님 사이에 그리스도 외에는 어떠한 매개체도 용납하지 않는다.

개혁주의는 영웅 숭배 사상을 배척한다. 제네바에는 칼빈에 관한 비문(碑文)이 없을 뿐 아니라, 그의 무덤에는 잡초가 덮였고 자그마한 팻말이 세워져 있을 뿐이다. 자유주의 신학도 사람과 사람 사이의 무차별을 주장한다. 그렇지만 그 사상 체계가 하나님의 주권을 주장하지 않는 입장이므로 사람들 간의 무차별을 참되이 성립시키지 못하고, 또한 참된 조화 있는 자유의 세계를 강력히 실현시키지도 못한다.

개혁주의는 사람과 사람의 관계도 하나님의 주권 중심으로 취급한다. 다시 말하면 사람들은 다 같이 하나님의 형상으로 지음 받은 사실과 다함께 멸망 받아 마땅한 죄인인 사실을 생각하여 남에게 주장하는 자세를 하지 않고 동등한 인간으로 생각하게 된다. 동시에 여기서는 그 동등한 사람들 가운데 나타난 하나님의 설계도 무시하지 않는다. 다시 말하면 하나님은 각 사람에게 각각 다른 재능과 기회를 주신다. 따라서 사람들은 하나님이 주신 그 선물로써 봉사와 책임 이행을 해야 한다고 강조한다. 그리고 책임 봉사자에 대하여는 주님 안에서 합당한 대우를 해야 할 것을 가르친다. 따라서 개혁주의 사회는 강력하고 엄숙한 분위기 속에서 진정한 조화가 있고 질서가 있는 자유 세계를 이루어 간다.

4. 개혁주의와 과학

기독교는 과학을 무시하지 않는다. 그 이유는 하나님께서 천지 만물을 창조하신 후에 사람으로 하여금 그 모든 것들을 정복하고 다스리라고 명령하셨기 때문이다(참조. 창 1:28). 네덜란드에서 있었던 무서운 종교전쟁(1572-1609)은 개신교 세력과 스페인의 구교 세력과의 충돌이었다. 그 때에 네덜란드는 개혁주의 진리를 세우기 위하여 많은 피를 흘렸던 것이다. 그 나라는 전쟁에서 승리한 직후에 무력 강화에 착수하지 않고 과학 발달을 위하여 힘쓴 결과 레이든 대학을 세우게 된 것이다. 우리가 잘 아는 대로 네덜란드에서 망원경과 현미경, 그리고 온도계가 발명되었다.

진정한 기독교 세계에 과학이 발달되는 원인을 몇 가지로 말할 수 있다.

(1) 과학 자유를 믿는 까닭

아무도 어떠한 방법으로도 과학 행위를 방해할 수는 없다. 중세 때 구교의 교권(教權)이 순전한 과학 행위를 압제했던 것은 일대 유감이다. 정치의 권세나 혹은 탈선한 교권의 그 같은 처사는 하나님의 이법(理法)에 합당치 않은 것이다.

만일 과학의 주장에 있어서 비진리가 있다면 그것은 순연한 과학적 이론으로써 방지해야 될 것이다. 과학 자유로 인한 논쟁으로 말미암아 여러 가지 이론들이 나올 수밖에 없다. 그렇지만 그 모든 이론들 때문에 과학과 참 종교가 충돌되는 것처럼 생각할 필요는 없다.

진정한 의미에서 순전한 과학과 참 종교는 서로 충돌되지 않는다. 왜 그런가 하면, 참 종교를 계시하신 여호와 하나님께서 과학의 법칙이 되는 모든 이법들을 자연계에 창조하셨기 때문이다. 그러므로 비록 진리에서 탈선한 그릇된 과학이라 할지라도 참 종교를 이치 있게 무시하지는 못한다. 그 이유는, 그릇된 과학도 그 연구 행위에 있어서는 참 종교의 기본이라고 할 수 있는 신념(하나님의 창조의 이법에 대한 신념)을 기초하고서만 진행할 수 있기 때문이다. 어떠한 과학 행위든지 그 연구의 기초는 신념인 것이다. 예를 들면 사색의 터가 되는 개념들, 곧 아프다는 것, 무겁다는 것, 달다는 것 등의 이법들은 증명하기보다는 그대로 믿어야만 되는 직관적(直觀的) 진리이다. 이처럼 과학은 그 어떠한 종류든지 신념에 기초하여 쌓아 나가는 것이다. 그런고로 과학과 참된 종교는 서로 충돌되는 것이 아니다.

(2) 하나님의 예정을 믿는 까닭

하나님의 예정을 믿는 자는 온 우주 만물이 한 분 하나님의 의지에 의하여 통일되었다고 믿게 된다. 우리가 만일 하나님의 예정을 믿지 않는다면, 이 세상의 만사 만물은 일정성(一定性)이 없고 모두 다 불규칙한 것이고 불확실한 것이고 우연적인 것일 수 있으니, 그렇다면 그런 세계는 법칙의 세계가 아니므로 연구의 대상이 될 수 없는 것이다. 그런 세계에는 체계 있는 어떠한 지식도 건설될 수 없는 것이다. 그런고로 사물들의 통일성과 견고성과 질서에 대한 신앙은 과학을 장려하게 되는 것이다.

(3) 과학의 영역을 인정하는 까닭

칼빈은 그리스도의 십자가를 출발점으로 하여 창조의 원리를 바로 깨닫는 데 이르렀다. 의(義)의 태양이신 예수님 안에 모든 지혜와 지식이 감춰어 있다(골 2:3). 기독교는 구원의 종교로서 인간의 구원 문제를 해결한다. 그 결과는 영혼의 영역에만 미치는 것이 아니라 하나님께서 영혼과 함께 지으신 만물에도 나타난다. 참 신자는 영원을 보는 빛으로 시간을 본다. 영원한 것과 시간적인 것은 그리스도 안에서 통일되어야 한다. 하나님께서는 천지 만물을 창조하시고 그 만물에 그의 영광을 나타내신 것이다. 그러므로 기독 신자는 영원과 시간을 이원론적으로 대립시킬 것이 아니다. 그런데 과거에 기독교가 시간적인 방면의 생활을 무시하면서 과학을 중요시하지 못한 과오를 범한 바가 있었다. 그리스도께서 주신 구원은 개인 관계의 것만 아니고 우주 구원의 의의(意義)를 가진 것이다(마 19:28; 롬 8:21).

개혁주의는 과학을 중요시한다. 암스테르담의 피터 플라시우스는 유명한 설교가인 동시에 지리학에 풍부한 지식을 가진 전도자였다. 그러므로 그 당시의 많은 선원들이 그의 지도를 사용했다. 개혁주의는 영원한 것만을 강조하지 않고 하나님께서 창조하신 시간적인 것도 중요시하여 그것들을 불신자보다 더욱 깊이 연구해야 될 것을 역설한다.

5. 개혁주의와 일반은총

개혁주의는 하나님의 사랑을 특수은총(그리스도의 구원)에서만 발견하지 않고 일반은총에서도 발견한다. 일반은총이라는 것은 신자와 불신자가 함께 누릴 수 있는 은총이다. 카이퍼는 일반은총에 대하여 다음과 같이 생각하였다. 하나님의 은혜에는 두 종류가 있으니, 둘 다 인간의 전적 부패를 전제로 하고 있다. 그 하나는 특수은총이요, 다른 하나는 일반은총이다. 특수은총은 영원한 구원과 관계 있는 중생의 은혜이며, 또한 죄의 병통을 없애며 죄의 뿌리를 제거하는 일을 한다. 반면에 일반은총은 다만 죄성(罪性)을 어느 정도 제어하는 작용을 할 뿐이다. 그래도 이 작용 때문에 인류 사회는 부패한 가운데서도 어떤 종류의 질서와 정의가 보존되고 있다.

그뿐만 아니라 카이퍼는 다시 일반은총의 적극적 방면을 보여주었으니, 하나님께서는 인류에게 부여된 재능을 어느 정도 발휘하도록 그들을 보전하여 주신다는 것이다. 그러므로 일반은총도 하나님의 긍휼히 여기시는 덕이다. 하나님께서 사람들을 그들의 죄대로 버려두신다면 그들은 아주 멸절되고 말 것이다. 그러나 하나님께서 은혜로 그들의 죄의 세력을 제재하시며 또한 창조된 재능을 보전하여 주시는 것이다.

칼빈은 그의 기독교강요에서 말하기를, "우리는 성령께서 주시는 놀라운 은사들을 잊어버리면 안 된다. 그것은 인류(택한 자와 불택자 모두)가 공통적으로 받은 재능이다. 성령께서 신자들과 교통하시는 특수은총은 그들을 성화시키시기 위한 것이지만, 또 다른 방면에 있어서는 모든 피조물들을 보전케 하시는 성령의 역사도 있다"(제2권 제2장 16절, 意譯)고 하였다(참조. 시 36:7, 104:3, 145:9, 147:9; 고전 3:1-2; 히 6:4-5. 비교. 창 6:3; 시 81:11-12; 행 7:42; 롬 1:24, 26, 28; 살후 2:6-7).

칼빈은 또 다음과 같이 말한 바 있다. "우리는 종종 어느 시대에나 단순한 천품(天稟)으로 유덕(有德)하게 살려고 힘써 온 사람들을 볼 수 있다. 물론 그들의 덕행 가운데는 근본에 있어서 그릇된 것도 있지만 어느 정도 취할 만한 좋은 것도 있음을 우리는 무시할 수 없다."

12 바른 교회

1. 교회는 성결(순결)해야 됨

"형제들아 내가 하나님의 모든 자비하심으로 너희를 권하노니 너희 몸을 하나님이 기뻐하시는 거룩한 산 제물로 드리라"(롬 12:1).

인간은 자존자(自存者)가 아니며 자율자(自律者)도 아니다. 그는 의존자(依存者)로서 하나님을 섬길 자이다. 그가 하나님을 섬김에 있어서 기억해야 할 것은 하나님께 모든 것을 바쳐야 한다는 사실이다. 본문의 "너희 몸을…드리라"는 말씀은 우리 자신을 드리라는 것과 같다. 우리가 우리 자신을 바쳐야 되는 이유는, 나 자신이 모든 것의 초점이기 때문이다. 그리고 우리가 우리의 몸을 드리는 이유는, 하나님께로부터 받은 모든 은혜를 다 큰 것으로 아는 까닭이다. 우리가 작은 은혜라고 생각하는 그것도 지극히 높으신 하나님께로부터 온 것이므로 결코 작은 것이 아니다. 우리가 우리의 몸을 하나님께 드리는 것은, 그것으로 은혜를 갚을 수 있는 까닭이 아니라, 그것이라도 드려서 감사의 뜻을 나타내려 함이다. 우리는 하나님에게서 받은 은혜를 생각할 때에 몸보다 더욱 중요한 것이 있다면 그것도 드려야 할 것이다. 그러면 구체적으로 말해서 "거룩한 산 제물"이란 무엇인가?

(1) 성령으로 말미암아 성화(聖化)되어 감

성화는 무엇보다도 기독 신자 자신이 성령으로 말미암아 깨끗해지는 것이다. 그는 전에 즐기던 죄악을 끊는다. 헨리 알라인(Henry Alline, 1748-1784)은 시편 38편을 읽다가 그 말씀이 자기의 영혼 속으로 밀려들어오는 듯한 은혜를 받고 죄를 심히 아프게 깨달으면서 기도하던 중 사죄의 기쁨을 얻었다고 한다. 1823년에 빌리 브레이(Billy Bray, 1794-1868)는 기도하기를, "당신이 말씀하시기를, '구하는 이마다 얻을 것이요 찾는 이가 찾을 것이요 두드리는 이에게 열릴 것이니라'

고 하셨지요, 나는 믿나이다." 하였다. 그 때 그는 그의 영혼이 아주 새로워지는 사실을 체험하였다고 한다.

하나님께서 일하시는 방법은 여러 가지이다. 일반적으로 사람들을 성화시키시는 하나님의 방법은 점진적이다. 우리가 성결을 찾아야 할 이유는 육체적 행복보다 성결을 더 귀히 여겨야 하기 때문이다(히 12:4).

(2) 성별(聖別)을 힘쓸 것

"성별"은 무엇인가? 그것은 진리를 비진리와 섞지 아니함이며, 하늘나라의 것을 세속화하지 아니함이다. 고린도후서 6장 14-17절에 말하기를, "너희는 믿지 않는 자와 멍에를 함께 메지 말라 의와 불법이 어찌 함께 하며 빛과 어두움이 어찌 사귀며 그리스도와 벨리알이 어찌 조화되며 믿는 자와 믿지 않는 자가 어찌 상관하며 하나님의 성전과 우상이 어찌 일치가 되리요 우리는 살아 계신 하나님의 성전이라…그러므로 너희는 그들 중에서 나와서 따로 있고 부정한 것을 만지지 말라"고 하였다.

신자들 중에는 성별을 이해하지 못하는 이들이 많다. 그들은 혹시 말하기를, "교회에서 '정통', '비정통' 하며 서로 갈라지는 일이 있으니, 신학이란 것은 집어 치우고 신앙으로만 서로 하나되기를 힘쓰면 좋지 않겠는가?" 한다. 그러나 이것은 하나님의 말씀보다 사람들의 마음을 더 존중하자는 잘못된 말이다.

교회가 진리를 증거하다가 어떠한 희생을 당하더라도 그것은 소금의 직분을 행한 것이고 성별의 생명을 가진 운동이다. 우리는 옛날부터 내려오는 교회의 역사를 회고해 볼 때 성별 운동은 당연한 것이었고, 그것이 속화 운동과 충돌해 오면서 교회의 생명을 보전하였다는 것을 우리는 잘 알고 있다.

상고시대에 가인과 아벨의 다툼은 성별과 속화의 충돌이었다. 아벨은 가인의 속화 운동에 삼키우지 않고 끝까지 참된 신앙을 파수했으므로 성경은 증거하기를, "그가 죽었으나 그 믿음으로써 지금도 말하느니라"(히 11:4)고 한다.

스웨덴 서부에는 교회가 많기로 유명하다. 또 그곳의 기독 신자들은 비타협주의로도 유명하다. 그 나라의 성도들은 교회에서 사경회를 하는 몇 날 동안 계속 상점 문을 닫고 집회에 참석했다고 한다. 그 나라 교회에 이 같은 신앙 분위기가 이루어진 것은, 19세기에 헨릭 솰토(Henrik Schartau, 1757-1825) 목사가 모든 합리주의자들과 충돌해 가면서 성경 진리의 절대성을 파수한 결과이다. 그 당시에 솰토와 함께 바른 신앙 노선에서 일하던 목사들은 책벌도 받았고 출교도

당했다. 그러나 마침내 그들의 진리 파수 운동으로 말미암아 스웨덴의 서부는 강한 신앙의 지역이 되었다.

노르웨이에는 한스 닐센 하우게(Hans Nielsen Hauge, 1771-1824)라는 신앙 인물이 일어나서 합리주의와 충돌하고 아홉 번이나 투옥된 일이 있었다. 그는 오늘날 "노르웨이의 아버지"라고 불린다. 그만큼 그의 영향력은 컸다.

2. 교회는 화평을 유지해야 됨

"모든 사람과 더불어 화평함과 거룩함을 따르라 이것이 없이는 아무도 주를 보지 못하리라"(히 12:14).

교회는 "순결"을 주장하는 동시에 "화평"도 주장한다. 그런데 이 둘은 함께 주장되기 어려운 경우가 있으니, 신자들이 순결을 주장하는 가운데 순결치 못한 자들의 공격을 당하여 다툼이 일어나기 쉽다. 순결과 화평은 함께 있어야 할 것이나 이 둘의 공존을 유지하기는 참으로 어려운 일이다. 그렇지만 교회의 지도자들은 이 둘의 공존을 위하여 노력해야 한다. 그 노력이 진리와 법도에 근거한 것이라면 좋은 열매를 가져올 수 있다.

(1) 화목하는 자는 남을 잘 이해하는 자이다. 그는 남들

의 실수를 자신의 실수와 같이 생각하고 자신도 별 수 없는 존재라는 것을 깨닫는 자이다.

(2) 화목하는 자는 옳은 말이라도 부드럽게 하는 자이다. 잠언 15장 1절에, "유순한 대답은 분노를 쉬게 하여도 과격한 말은 노를 격동하느니라"고 하였다. 신자들이 혹 의분(義憤)으로 인하여 과격하게 말하다가 화목을 깨뜨리는 일이 있다.

(3) 화목하는 자는 용서하는 자이다. 남을 용서하는 것은 마침내 자기에게 유익을 가져온다. 잠언 19장 11절에 말하기를, "노하기를 더디 하는 것이 사람의 슬기요 허물을 용서하는 것이 자기의 영광이니라"고 하였다. 신자들이 서로 용서하지 못하고 머리카락을 쪼개듯이 작은 허물까지 들추어낸다면 그것은 잔인한 행동이다.

3. 교회는 증인 단체가 되어야 함

> "오직 성령이 너희에게 임하시면 너희가 권능을 받고 예루살렘과 온 유대와 사마리아와 땅 끝까지 이르러 내 증인이 되리라"(행 1:8).

이 말씀은 예수님께서 승천하시기 직전에 그의 제자들에게 최후로 주신 말씀이다. 동시에 이 말씀은 교회에 사명을 주신 지상 명령이다.

(1) 교회는 세상 나라의 특권 계급이 아님

부활하신 예수님을 바라보는 제자들의 소망은, 예수님께서 이스라엘 나라를 회복하신다면 그 때에 저희들은 특별한 대우를 받게 될 것이라는 기대였다. 예수님은 그들의 이 같은 야망을 교정하시고, 그들의 사명은 오직 증인(그리스도의 증인)이 되는 것이라고 가르쳐 주셨다. 그리스도의 증인은 이 세상에서 핍박과 멸시를 받게 되지만, 그 가운데서 성령님의 능력으로 말미암아 그 일을 감당하게 된다.

화란의 스미테스(Smietes) 목사는 복음적인 전도자이다. 그의 간증에 의하면, 그와 그의 부친과 그의 모친이 함께 교회를 개척하기 위하여 벨기에의 부르게(Brugge)라는 도시에서 건물을 하나 사서 깨끗이 수리하고, 그 동네 주민들을 초청하였다. 교회로 모이는 첫 주일 예배시간에 그의 부친은 설교하고, 그의 모친은 독창하고, 그는 풍금을 연주했다고 한다. 그 시간에 참석한 사람은 한 사람뿐이었는데, 그는 술에 취하여 들어와서 예배를 방해하였다. 그 전날 초청을 받은 많은 사람들은 반대자들의 책동과 방해로 인하여 오지 못하게 되었고, 다만 술 취한 그 사람만이 반대자들의 보냄을 받아서 참석하였던 것이다.

그런데 그 예배가 끝난 뒤에 그 술 취한 사람은 예수를 믿겠다고 굳게 약속하였고, 그는 신실한 신앙인으로서 일평생을 살았다고 한다. 우리는 이 중대한 사실을 기억하자! 즉 핍박이 있는 곳에 성령님의 역사가 특별히 나타난다는 것이다. 베드로전서 4장 14절에 말하기를, "너희가 그리스도의 이름으로 치욕을 당하면 복 있는 자로다 영광의 영 곧 하나님의 영이 너희 위에 계심이라"고 하였다. 복음 증인의 분깃은 이 세상에서 주장하는 권세를 가지는 것이 아니라, 도리어 멸시와 핍박을 받음이다.

교회는 세상 권세를 의지하지 말고 성령님의 권능을 의지해야 한다. 과거에 국가와 교회의 관계 문제에 있어서 국교주의(國教主義)를 취했던 이들은 이 진리를 알지 못했던 것이다. 4세기에 콘스탄티누스 대제가 기독교를 국교로 선포한 결과, 교회는 점점 형식주의로 흘렀고 신령한 능력은 약화되었다. 오늘날 구라파에도 기독교를 국교로 한 나라의 교인들은 대다수가 주일에 교회 출석을 하지 않는다는 통계가 발표되었다. 이사야 2장 22절에 말하기를, "너희는 인생을 의지하지 말라 그의 호흡은 코에 있나니 셈할 가치가 어디 있느뇨"라고 하였다.

(2) 교회는 정치 운동에 직접 가담할 수 없음

교회가 직접적으로 정치 운동에 가담하지 않는 이유는, (1) 교회의 일은 신령한 일이요 육체적 업무가 아니기 때문이며, (2) 교회의 이름으로 정치 운동에 나가면 불신 동포들과 경쟁이 일어나므로 국가에도 해로울 수 있기 때문이며, (3) 그 정치 운동에 실수가 있을 때에는 온 교회와 그리스도의 이름에 욕이 돌아오기 때문이다.

그러므로 국가에 대한 일반 사항에 있어서는 신자들이 개인 자격으로 행할 수 있고, 특별히 정부나 국가에 대하여 신령한 일을 하는 경우에는 교회의 단체 명의로 하는 것이 합당하다. 칼빈은 1514년 2월 2일에 독일 슈피르스(Spiers)에서 모일 종교회의를 앞두고 신교(新教)의 영적 승리를 위하여 찰스 5세(Charles V)에게 신령한 교리를 밝히 해석하는 편지를 보냈다. 그 이유는 그 때에 찰스 5세가 그 종교회의를 소집하도록 했기 때문이다. 칼빈의 편지는 실상 신교도들을 대표한 것이라고 할 수 있다. 그 편지의 내용은 순전히 신령한 일에 관계된 것이었다.

13 바른 생활

베드로후서 3장 10-13절

바른 생활은 무엇인가?

1. 거룩한 행실(11절 하반)

"거룩하다" 함은 하나님의 소유가 되는 것을 말한다. 그것은 나 자신을 하나님께 내어 맡김이다. "행실"(ἀναστροφή)이라는 말은 히브리어 '할락'(הָלַךְ)에 해당되는데, 생의 방법을 가리킨다. 기독 신자는 그리스도 안에서 사는 방법을 취한다. 여기서 방법이란 것은 개별적인 행위를 말하기보다 생애를 의미한다. 그러므로 "거룩한 행실"은 "거룩한 생애"라고 번

역해야 된다. 거룩한 생애는 하나님께 나 자신을 맡김이다. 마치 수술 받을 환자가 담당 의사에게 그의 몸을 전적으로 맡김과 같이, 나 자신을 하나님께 온전히 맡김이다.

2. 경건함(11절 하반)

"경건"으로 번역된 헬라어 유세베이아(εὐσέβεια)는 '좋게 놀란다'라는 어원적 의미를 가진다. 신자는 어떠한 일을 하든지 어디서나 항상 "하나님 앞에서"(Coram Deo) 살아야 한다(고전 10:31). 그뿐 아니라 그는 특별한 자리, 곧 정신 차려 성경을 읽음과 깨어 기도함으로 하나님 앞에서 살게 된다. 이 두 가지는 경건 생활의 원천이다. 그는 이 때에 하나님을 만나게 되고, 하나님을 만남으로 좋은 놀람을 체험하게 된다. 인생의 목적은 하나님을 아는 데 있다. 이 세상의 행복은 있어도 좋고 없어도 좋다.

여기에 한 가지 첨부할 것은 경건한 자의 대인 관계이다. 경건한 자는 사람다운 사람이 되어야 한다. 루터는 다음과 같이 말하였다. "기독 신자로 멎어지는 자는 신자가 아니다." 이 말은 사람 상대로 의(義)를 행해야 한다는 것이다. 즉 경건하다고 하여 세상과 격리되어 사는 것이 아니고 참으로 사람들과 잘 화합해야 한다는 것이다. 이것은 정략적(政略的) 합작도 아니고, 능률 증가의 목적으로 사회적 세력을 규합하기 위한 단결도 아니다. 이것은 나 자신을 희생하고 남을 유익하게 하려는 이웃 사랑의 생활이다. "하나님 아버지 앞에서 정결하고 더러움이 없는 경건은 곧 고아와 과부를 그 환난 중에 돌보고 또 자기를 지켜 세속에 물들지 아니하는 이것이니라"(약 1:27).

3. 내세를 사모함(12-13절)

인류는 이 세상 문명에서 만족을 얻고자 한다. 그러나 이 세상 문명은 먹고 마시고 자식들을 잘 길러내려는 것밖에 무엇이 더 있는가? 칼라일(Carlyle)의 말과 같이 현세의 문명은 돼지 문명이다.

내세를 사모하는 삶은 영혼 본위의 삶으로 나타난다. 몸은 죄로 인하여 죽은 것이지만 영은 의(그리스도의 義)를 인하여 산 것이다(롬 8:10). 몸은 조상 때부터 지은 죄로 인하여 죽는 벌을 받도록 되어 있다. 이 몸은 죽고 영혼을 구원하여 완전케 하시는 것이 하나님께서 세우신 순서이다.

그리스도께서 십자가에 못 박혀 죽으심과 부활하심으로

말미암아 죄인에게 “지혜와 의로움과 거룩함과 구속함이 되셨으니”(고전 1:30), 그리스도로 말미암아 구속받은 신자는 “새 하늘과 새 땅”을 바라보는 자가 되었다. 이 참된 소망을 가진 신자는 아침이나 저녁이나 무슨 일을 하든지 주님의 재림을 기억하고 행해야 한다.

14 현하 한국 교회가 개혁해야 할 과제

우리는 16세기 종교개혁의 길을 걷고 있습니다. 그러므로 첫째로 종교개혁의 열매가 상실되었을 때에 그것을 되찾는 운동이 우리의 작업 목표입니다. 둘째로, 종교개혁이 직접 간접으로 목적했던 것을 완성하도록 노력하는 것이 우리의 작업이기도 합니다. 특히 성경을 그대로 보수하자는 주의(主義) 주장과 위배되는 교회의 풍토를 과감히 고쳐 나가자는 것입니다.

물량주의(物量主義)의 폐단

물량주의는 성경적이 아닙니다. 성경은 거짓 스승을 삼가라고 하였고(마 7:15; 행 20:29), 경솔히 안수하지 말라고 하였습니다(딤전 5:22).

16세기 종교개혁 직후에 장로교회는 목사 안수를 매우 엄격하게 행하였음을 알 수 있습니다. 그 당시의 안수 받을 자에 대한 자격 심사 내용을 살펴보면, 목사 고시 과목이 20여 종이나 됩니다. 그 중 몇 가지 예를 들어보면 이렇습니다. 후보자의 생활의 성결 여부를 면밀히 확인할 것, 후보자의 소명의 확실성을 검토할 것, 후보자의 원어 실력(히브리어와 헬라어로 성경을 읽을 수 있는지의 여부)을 시험할 것, 정통 신학을 변증하는 시험, 노회 앞에서 진리를 변론하는 시험, 후보자가 그 임지(任地)에 적합한 여부를 검토할 것 등입니다.[1]

그런데 현대 한국 교회는 목사 후보생에 대한 자격 심사를 엄격하게 실시하지 않고 무자격 교역자라도 대량 배출하는 데 있어서 두려움과 주저함이 없습니다. 이런 현상은 종교개혁의 열매인 웨스트민스터 헌법도 엄금한 바입니다.[2]

물량주의의 결과로 교계에 탕수와 같이 쏟아져 나온 교

1 *The Form of Presbyterian Church-Government*, pp. 70-73.
2 같은 책, pp. 67-73.

역자들 중에는 복음 전도의 사명감이 없이 육신의 생계를 위하여 교역을 희망하는 사람도 다수 섞여 있어서 그들이 교회를 맡는 경우에, 그들은 주님의 교회를 자기의 종교 업체(業體)로 만들 가능성이 짙습니다. 그들은 결국 교회를 희생시켜서라도 자기의 유익을 도모하고자 할 것입니다. 누구든지 주님의 교회를 맡은 자로서 생계를 목적으로 하고 목회를 수단으로 삼는다면 그것은 삯군의 행동 원리입니다(참조. 요 10:12; 빌 3:18-19).

그뿐 아니라, 때로는 삯군 이하로 떨어진 교역자들도 있습니다. 다시 말하면, 마땅히 감당해야 할 목회의 책임을 다하지 않는 것은 고사하고, 교우들의 영혼을 병들게 하고 죽어가도록 만들면서도 도리어 큰 소리를 치며 물러가지 않으니, 이런 자들은 도적입니다(참조. 요 10:10).

오늘날 많은 신학교들이 세워졌고, 그 대부분의 학교들이 학생들을 다수 입학시키고 있는 실정인데, 교수진이 부족한 형편에서 어떻게 그 많은 학생들을 자격 있는 교역자로 양성할 수 있겠습니까? 신학교들이 이렇게 운영되고 있는 것은 유감입니다. 그러나 일면 이것이 역사적 실정임을 감안할 때에 그 누구에게 책임을 전가하는 것은 아닙니다. 어쨌든 신학교들은 개혁되어야 합니다.

사제주의(司祭主義, Sacerdotalism)의 부당성

구약시대에는 특정인들, 즉 제사장들이 제사의 권리, 축복의 권리를 독특히 가졌고, 제복(祭服)도 특수하게 착용하였습니다. 그것은 물론 하나님의 명령대로 실행한 것이었으며, 그 모든 제도와 의식은 어디까지나 그리스도에 대한 예표였던 만큼, 그리스도께서 오심으로 말미암아 그에게서 영적으로 실현 또는 성취되었습니다(히 9:9-10, 10:1상반). 다시 말하면, 구약시대의 제사 제도와 모든 의식(儀式)들은 그리스도로 말미암아 모두 완성되었고, 그 후에는 그것이 폐지되었습니다(히 7:11-25).

16세기의 종교개혁은 만인 제사장주의를 주장하였습니다. 만인 제사장주의는 성경적이요(참조. 벧전 2:9), 참된 기독교의 특징입니다. 그런데, 오늘날 교회는 목사만이 제사장인 듯, 목사만이 축복권을 가진 듯이 그들을 특수 계급의 성직자로 신성시합니다. 여기에서 기복 사상(祈福思想)의 폐단도 생기게 되었습니다. 사제주의자들은 자신들도 모르게 일면 그리스도를 무시한 것입니다. 그런 의미에서는 이교의 제사장들과 유사합니다.

목사가 교회의 인도자가 되는 것은 성경적입니다(참조. 엡 4:11-12; 히 13:17). 그는 주님의 몸 된 교회의 한 지체로서 다른 신자들과 함께 교회를 섬기는 자이며, 받은 은사대로 말씀 증거에 수종 드는 입장입니다. 그러므로 그는 어디까지나 봉사자이고 명령자는 아닙니다. "인도자"란 것은 교회에서는 안내자이고 지배자는 아닙니다.

그런데 목사들 중에는 그들의 수종적(隨從的)인 위치를 깨끗이 지키는 이가 많지 않습니다. 그것은 그들의 무지의 소치이거나, 혹은 참람된 권세욕의 산물입니다. 그들은 "주의 사자"란 칭호를 은근히 환영하거나, 혹은 당연하게 받아들이고 있습니다.

바른 지식이 없는 교인들이 목사를 가리켜 "주의 사자" 또는 "하나님의 사자"라고 부르기도 하는데, "주의 사자"란 칭호는 "그리스도의 사도"란 말과 같습니다. "주의 사자"란 칭호에 있어서 "사자"란 말의 형식은 '보냄을 받은 자'(ἀπόστολος)란 말과는 다르지만, 이 둘이 '부림이 되는 자'란 점에 있어서는 같습니다. 성경에서 "사자"란 말이 때로는 '천사'(ἄγγελος)를 의미하기도 하는데, 어떻게 목사를 천사라고 할 수 있겠습니까? 목사를 목사라고 부르는 것이 자연스럽고 합당합니다.

신학교 교수들은 강의시간에 사도직의 성격에 대하여 밝히 설명하는 기회를 갖습니다. 목회자들도 교인들로 하여금 사도직의 우월성과 그 권위에 대한 바른 지식을 가지도록 그들을 가르쳐야 합니다.

사제주의는 비성경적이고 마귀의 역사입니다. 마귀의 역사는 궤계(詭計)를 그 전술로 삼습니다(요 8:44하반; 고후 2:11, 11:13-15; 엡 6:11). 그러므로 오늘의 사제주의가 종교개혁 이전의 사제주의와는 다른 모습으로 나타나고 있기는 하지만 본질적으로는 같은 것입니다. 즉 교역자로서 일반 신자들 위에 군림하는 그 마음 자세야말로 종교개혁 이전의 사제주의와 다름이 없는 것입니다. 이런 행동은 하나님께 대한 반역입니다. 일반 신자 이상 특수 제사장은 예수님밖에 없습니다(히 4:14, 7:20-22).

사역상 평등의 원리 상실

목사는 교직의 대표이고 장로는 교회의 대표입니다. 양자(兩者)의 치리(治理) 사역은 동등합니다.[3] 이 교리는 장로교의 원리입니다. 그런데, 오늘의 현실은 어떠합니까? 목사는 장로보다 우위인 것처럼 자처하는 경향이 있고, 또한 목사

3 『대한예수교장로회 헌법』, 제5장 제2조.

나 장로는 집사에 대해서 역시 그 직분(집사직)이 하급(下級)인 것처럼 잘못 생각합니다. 그러므로 제직회는 거의 모든 일들에 있어서 자율적으로 일하지 못하고 목사, 장로의 결재를 받도록 되어 있습니다. 제직회가 당회에서 아주 독립된 것은 아니지만 성질상 어느 정도의 자율성은 지니고 있습니다. 그 이유는, 그리스도께서 집사직을 세우셨기 때문입니다.[4] 집사직은 헌금 관할 또는 헌금을 취급하는 데 있어서 자율적으로 행해야 하며, 다만 그 일의 난제에 대해서는 당회와 의논함이 옳습니다.

교회에서 수종 드는 문제에 있어서는 목사도 그리스도에게 수종 드는 자이고 장로도 마찬가지입니다. 참으로 목사와 장로와 집사 사이에는 형제애가 확실히 있어야 한다고 할 뿐입니다(참조. 마 23:8). "사역상 평등"의 원리는 성경에서 나온 개혁주의 교리입니다.[5] 베드로는 일반 장로들에게 말하기를, "나는 함께 장로된 자요(벧전 5:1)"라고 하였고, 바울은 집사들을 가리켜 "나의 동역자들"(롬 16:3)이라고 하였습니다.

4 *Church Order Commentary*, p. 118.
5 I. V. Dellen & M. Monsma, *Church Order Commentary* (1964), pp. 80-81.

교회 행정의 부조리

오늘 교계의 교직자들 중에는 교회 행정을 성경적으로 시행하려는 노력보다는 자기 자신의 영달 榮達 을 목표하고 행하는 실례들이 너무 많습니다. 즉 교역자들의 정치성을 들 수 있으니, 그 정치성이란 것은 성경이 가르치는 "지혜"와 반대되는 것입니다. 성경적 지혜는 하나님을 두려워하는 동기로 일을 처리하는 것입니다(참조. 잠 1:7).

오늘날 교회 정치를 하는 사람들은 인간적인 책략으로써 사람들로 하여금 자기 편이 되도록 공작합니다. 옛날 중국의 춘추 전국시대에 맹상군(孟嘗君)이라는 정치인의 집에는 "식객이 삼천 명"(食客三千)이라고 했으니, 그들 삼천 명이 모두 다 맹상군을 지지하는 정객들이었습니다. 이것이 이 세상 정계에서 이루어지는 일, 곧 '먹여주고 받는' 일의 표본이 아니겠습니까! 이 같은 일과는 반대로 종교개혁시대의 개혁자들은 고난을 각오하고 진리 운동에 동조하였던 것입니다. 그 시대의 순교자의 수효가 무려 70만 내지 80만 명이라고 역사가는 말합니다.

현대 교계의 복잡상은 무엇을 말해 줍니까? 그것 역시 종교개혁의 열매와 반대되는 현상입니다. 교계가 복잡하다는 것은 교회의 지도 체계의 동질성이 결여되어 있다는 것입니다. 한 교단 안에서도 동질성이 없는 원인은 교역자 양성 기관이 아직도 부실한 데 있습니다. 다시 말하면, 교훈의 체계가 명실공히 아직 성경 중심의 단일화로 정립되지 않았고, 교육의 정신도 아직 그리스도 중심으로 참되이 영화(靈化, spiritualization)되어 가지 못하기 때문입니다. 리더십의 동질성을 확보하지 않고 다수 영입(多數迎入)의 일변도로 흘러간 교단들이 있다면, 그 교단들은 별 수 없이 복잡해집니다. 이 같은 현상은 400년 전 종교개혁 당시의 교회 행정 원리를 지키지 아니한 물량주의의 결과입니다. 종교개혁의 열매였던 웨스트민스터 교회헌법 표준을 읽어보면, 교역자를 엄선하여 리더십의 동질성을 확보했던 것을 알 수 있습니다. 그 때에 목사장립 후보자 시취를 매우 엄격하게 시행한 것이 그 일례입니다.

교회보다 교회의 조직을 과대평가하는 오착

근년에 한국 장로교회는 교단의 "총회"를 교회 자체인 양 지나치게 존중하여 "교단"과 혼동하는 것 같습니다.

"총회"는 전체 교단의 일부 행정건과 치리건을 처리하기 위하여 목사들과 장로들이 1년에 한 번 모여서 회의를 하는 회집입니다. 총회는 그 회의가 필한 후에는 파회(罷會)를 선언하고 없애버리는 기관(organ)에 불과합니다.

그뿐 아니라, 총회 회원들은 그가 속해 있는 지교회로부터 선출된 임직자들로서 그들은 교회의 사신(使臣)들입니다. 다시 말하면, 그들은 지교회가 부탁한 일들을 수행하는 일꾼들입니다(참조. 고후 9:3-5).

교회관의 문제성

교회란 무엇입니까? 오늘날 신자들의 교회관은 어떠합니까? 신자들의 예배처소인 건물이나 신자들의 수효 문제를 가지고 교회를 평가하는 정도가 아닙니까? 건물에 의해 교회의 명분을 유지하려 한다든지, 모이는 자의 수효에 의해서 힘을 낼 수 있다고 생각하는 것은 올바른 교회관이 아닙니다.

교회는 보이지 않는 하나님의 택한 백성, 곧 주님의 이름을 부르는 신자 또는 그들의 단체 즉, 하나님의 말씀을 바로 깨닫고 그대로 믿으며 고백하는 성도입니다. 그러므로 예배당이나 다른 시설이 없어도 신자들의 경건한 교통으로 말미암아 회집되면 그것은 참 교회입니다.

나는 여기서 신자들의 예배 모임을 위한 특수 건물이 필요치 않다고 말하는 것이 아닙니다. 각 지교회가 그 형편에 따라 예배당을 마련할 수 있습니다. 그러나 교회로서는 선교와 진리 교육, 그리고 구제 활동을 더 중요시하여 이 일을 우선적으로 감당해야 한다는 것입니다. 그리고 주님의 교회에 있어서 본질적으로 중요한 것은 "화평과 성결"(히 12:14)입니다. 복음에 대한 다른 표현은, "평안의 복음"(엡 6:15), 또한 "평안"(엡 2:17)이라고도 합니다. 교회의 참된 화평은 성결에서 옵니다. 성결은 하나님이 주시는 지혜의 첫 열매입니다(약 3:17). 위로부터 성결의 지혜를 받은 신자는 영적 허욕을 버리게 되고, 모든 일에 있어서 하나님 제일주의로 행하며 하나님이 함께 해 주시는 평안을 누리게 됩니다(참조. 시 131:1-2).

오늘날 신자들이 흔히 예배당을 "성전"이라고 부르기도 하는데, 이러한 표현은 삼가야 할 줄 압니다. "성전"은 구약 시대에 예루살렘에만 오직 하나 있었으며, 그 성전의 모든 양식들은 사람의 생각대로 설계된 것이 아니었고, 하나님께서 친히 기록하셔서 다윗에게 계시해 주신 것이었습니다(대상 28:11-12, 19). 하나님께서 그 성전을 이처럼 중요시하신 것은, 영적 의미에 있어서 그 건물은 장차 오실 메시아(예수)와 참된 교회의 예표이었기 때문입니다.

예수님께서는 구약의 성전이 자기 자신의 "몸"을 예표하는 것으로 암시하여 가르쳐 주셨습니다(참조. 요 2:19-21). 그러므로 그가 죽었다가 다시 살아나심으로 말미암아 건물 성전은 필요치 않게 되었습니다. 신약에서는 성도들의 단체인 "교회"를 예수님의 "몸"으로 비유하였고(엡 2:20-22; 벧전 2:4-5), 신자들을 가리켜 "하나님의 성전" 또는 "성령의 전"이라고 하였습니다(고전 3:16-17, 6:19).

그러므로 예배당을 가리켜 "교회" 또는 "성전"이라고 부르는 것은 신자 자신의 성전 된 거룩한 자격을 포기함이요, 또한 신자 자신의 성별생활(헌신)보다 물체 봉헌을 더 중요시하여 그것으로 위로를 얻으려는 과오를 범하는 것입니다.

신자들의 진리 지식 문제

신자들은 진리 지식에서 장성해야만 신자의 자격을 제대로 발휘합니다. 신자로서 진리 지식이 저급하면 그는 선악을 바로 분별하지 못하므로(히 5:13-14), 별 수 없이 "육신에 속한 자"의 처지를 면치 못합니다(롬 10:13).

이 문제에 있어서 신자들이 혹시 잘못 생각하기를, '성경에, 누구든지 주의 이름을 부르는 자는 구원을 얻으리라(롬

10:13)고 말씀했으니, 내가 예수님을 나의 구주로 믿기만 하면 구원을 받는 것이지, 나의 진리 지식이 저급하다고 하여 내가 구원을 못 받겠는가?' 할지도 모릅니다.

그러나 만일 누구든지 그렇게 주장한다면 그것은 착각입니다. 물론 우리의 구원은 오직 예수님의 공로로만 가능한 것이 사실입니다. 그렇지만 우리가 여기서 명심해야 할 것은, "주의 이름을 부르는 자"라는 이 말은 매우 간추린 표현이라는 사실입니다. 누구든지 "주의 이름"을 효과적으로 부르려면 그 이름을 분명히 알고 불러야 하므로 그는 바른 진리 지식을 소유해야 합니다. 진리 지식이 풍부한 신자일수록 주님의 이름을 참되이 부르게 되고, 따라서 그는 구원에 대한 확신을 갖게 됩니다. 천하보다 귀한 구원을 받는 문제에 있어서 우리는 확실성과 안전성이 보장되어야 하지 않겠습니까!

그뿐 아니라, 신자는 하나님을 영화롭게 함이 그 삶의 목적이기 때문에 그는 이 사명을 바로 감당하기 위해서도 바른 진리 지식이 있어야 합니다. 그러므로 신자들의 성경 지식 수준을 높이기 위해서는 먼저 교역자 자신이 성경을 깊이 알아야 하며, 그는 교우들에게 성경 진리를 바로 깨닫도록 가르치는 일을 백방으로 힘써야 합니다.

15 국가와 교회

"내 나라는 이 세상에 속한 것이 아니니라"(요 18:36). 이것은 예수님께서 빌라도의 심문에 답하신 말씀이다. 곧 그가 사람들에게 잡혀서 죄 없이 사형 선고를 받으시게 될 현장에서 하신 말씀이다. 이것은 그가 억울하게 박해를 받으시면서도 초자연적인 능력으로써 폭력적인 대항을 하시지 않는 이유이다.

그러나 한편 예수님은 빌라도 앞에서 자기의 주장을 끝까지 변호하신 일도 있다. "그러면 네가 왕이 아니냐"라는 빌라도의 질문에 대하여 예수님은 대답하시기를, "내가 왕이니라 내가 이를 위하여 태어났으며 이를 위하여 세상에 왔나니 곧 진리에 대하여 증거하려 함이로라 무릇 진리에 속한 자는 내 음성을 듣느니라"(요 18:37)고 하셨다. 이것이 로마 나라의 정치에 직접 간섭하시는 말씀은 아니지만 집권자 앞에서도 복음 진리(예수님께서 진리의 왕이시라는 주장)를 밝히 증거하신 말씀이다. 그가 대제사장 안나스의 심문을 받으셨을 때에는 자기를 구타하는 하속에게 윤리적인 항변("바른 말을 하였으면 네가 어찌하여 나를 치느냐")을 하셨다(요 18:23). 윤리 문제는 기독교의 영적 문제에 부수적이기는 하지만, 영적인 것의 그 어느 부분에서도 제거될 수 없이 동반된다. 장로교의 교리도 정권에 대처할 교회의 처신을 잘 밝혀 준다.

웨스트민스터 신앙고백서 31장 5항은 다음과 같다. "(교회의) 공회와 협의회는 교회적인 사항 이외의 다른 아무 것도 다루어서는 안 되며 또 결정해도 안 된다. 교회의 회의는 국가의 정치 문제에 간섭하지 말아야 한다. 다만, 비상한 경우에 있어서는 정치 문제에 관하여 행정관에게 겸손한 청원을 할 수는 있고, 혹 행정관의 자문이 있으면 양심의 만족을 위하여 충고할 수도 있다."

(1) 여기 이른바 "교회적인 사항"은 무엇인가? 그것은 두말할 것 없이 신령한 일과 윤리적인 일이다. "교회적인 사항"이라고 할 때에 우리는 복음과 거기에 관련된 신령한 진리들(하나님께 대한 진리와 기타)만 포함시키고 윤리 도덕은 무관한 것처

럼 생각하기 쉽다. 그러나 사실은 그렇지 않다. 여기에 윤리 도덕도 포함되어 있다고 생각해야 옳다. 교회는 우선 금과 옥조(金科玉條)같이 소중히 하는 십계명을 파수한다. 십계명은 1-4계가 하나님께 관계된 종교적인 신령한 계율이고, 5-10계가 사람을 상대하여 행할 윤리적 계율이다. 참으로 신령한 일이라면 옳은 윤리와 병행해야 하고, 진정한 윤리라면 참으로 신령한 진리에 근거해야 한다. 우선적으로 생각될 것이 신령한 일이기는 하지만, 그것도 윤리와 병행해야 한다. 그러므로 교회적인 사항에는 윤리 도덕도 포함된다. 교회 사역의 대표자인 목사는 정권이 지켜야 할 윤리 문제에 대하여 결코 무관심할 수 없다. 이에 대해서는 은혜롭게 지적하거나 충고하는 일을 해야 한다. 보통으로는 공동체(교회의 공의회 또는 협의회)의 결정에 의하여 실행된다(웨스트민스터 신앙고백서 31장 5항). 그러나 정치 문제에 대하여는 우리의 교리가 신중하게 말한다.

(2) 정치 문제에 있어서는 비상시에는 행정관에게 겸손히 청원할 수 있다. 여기 겸손히 청원한다는 것은 개인적 행동이 아니고 공동체의 것이다. 그것은 위의 교리 조항의 전제로 되어 있다. 겸손히 청원한다는 것에 대하여 또다시 생각할 것은, 그것이 국가 비상시국의 종류에 따라서 다양할 것이라는 것이다. 그 청원이 단 한 번으로 족할 수도 있고, 또 혹은 겸손한 청원을 여러 번 다른 각도로 시도할 것까지 제외되지는

않을 것이다. 어쨌든 여기서 중요시된 것은 인류 생활의 각 분야에 대해 하나님이 주신 주권(sphere sovereignty, 영역 주권)을 침해하지 않는 것이 성경적이라는 것이다.

「신학정론」, 제5권 2호(합동신학교, 1987), pp. 186-187.

침묵정진

가족관계

출 생 지: 평북 철산군 백량면 장평동
생년월일: 1905. 12. 11(음력)
부 모: 박근수 김진신
형제자매: 형-박윤석
자매-누님 두 명, 여동생 한 명
처 자: 김애련(1922. 12-1954. 3) - 춘호, 요한, 단열, 춘자, 혜란
이화주(1954. 10-2014. 8) - 성은 성진 성혜

연보

1913-1922	서당에서 한학(四書五經) 수학
1923. 3	선천 대동소학교 졸업
1927. 3	선천 신성중학교 졸업(5년제)
1931. 3	평양 숭실전문학교 문과 졸업(4년제)
1934. 3	평양 장로회신학교 졸업(3년제)
1936. 5	미국 필라델피아 웨스트민스터신학교 신학석사 과정 졸업(Th. M)
1936. 8-1938. 7	평양 장로회신학교 성경 원어 강사 및 총회 표준 성경주석 편집부 근무
1938. 9-1939. 11	웨스트민스터신학교에서 변증학과 성경 원어 연구
1940. 4-1941. 3	만주 봉천(현 심양) 오가황교회 목회
1941. 4-1943. 7	봉천 만주신학교 교수
1944. 4-1945. 8	성경 주석 저술 전념(만주 안산)
1945. 8. 27	귀국, 가족과 함께 4개월 고향 거주
1946. 2	월남(2월 하순 고향 출발, 3월 1일 서울 도착)
1946. 9. 20	부산 고려신학교 교장서리 취임
1947. 10. 14	위 학교 교수 취임
1948. 5	위 학교 2대 교장 취임
1953. 10-1954. 3	화란 암스테르담 자유대학에서 신약학 연구

1954. 9	미국 필라델피아 훼이스신학교에서 명예박사(D. D.) 학위 받음
1960. 10	부산 고려신학교 사임
1961. 2-1964. 4	서울 동산교회(서대문) 목회
1963. 3. 10	서울 총회신학교 교수 취임(사당동)
1964.	위 학교 7대 교장 취임(윤번제)
1965. 3-1967. 2	위 학교 부산분교 교수 및 부산 성산교회(좌천동) 목회
1967. 3-1974. 11	서울 총신대학 신학원 교수
1968. 6-1973	서울 한성교회(노량진동) 개척, 목회
1974. 11	서울 총신대학 신학원 교수 사임(70세 은퇴)
1974. 12-1979. 1	성경주석 저술 전념(미국 로스앤젤레스)
1979. 3	서울 총신대학 대학원장 취임
1979. 9. 3	미국 웨스트민스터신학교에서 명예박사(D. D.) 학위 받음
1979. 10. 9	성경주석 완간 감사예배(총신대학 대강당)
1980. 11	서울 총신대학 대학원장 사임
1980. 11-1985. 2	수원 합동신학원 초대 원장
1985. 3-1988. 6	수원 합동신학교 명예 교장
1987. 4. 27	성역 50년 감사예배(반포동 남서울교회 예배당)
1988. 6. 30	소천
1988. 7. 2	合同神學校葬

저서와 발행일

Ⅰ. 성경 주석

1. 요한계시록 주석 (초판), 1949. 4
2. 공관복음 주석 (초판), 1953.12.25.
3. 로마서 주석 (초판), 1954. 6.17.
4. 바울서신 주석 (초판), 1955. 9.20.
5. 히브리서 · 공동서신 주석 (초판), 1956. 9.20.
6. 시편 주석 (초판), 1957. 3.20.
7. 요한복음 주석 (초판), 1958. 9.12.
8. 사도행전 주석 (초판), 1961. 7.15.
9. 로마서 주석 (개정1판), 1962. 3. 6.
10. 고린도전 · 후서 주석 (초판), 1962. 3.31.
11. 소선지서 주석 (초판), 1962.12.15.
12. 공관복음 주석 (개정1판), 1964. 3. 2.
13. 이사야서 주석 (초판), 1964. 6.30.
14. 바울서신 주석 (개정1판), 1964. 9.25.
15. 요한계시록 주석 (개정1판), 1965. 1.30.
16. 히브리서 · 공동서신 주석 (개정1판), 1965. 6.25.
17. 예레미야서 주석 (초판), 1965. 9.25.
18. 시편 주석 (개정판), 1966.11. 5.
19. 에스겔서 · 다니엘서 주석 (초판), 1967. 7.20.
20. 창세기 · 출애굽기 주석 (초판), 1968.10.20.
21. 로마서 주석 (개정2판), 1969. 6.25.
22. 요한복음 주석 (개정판), 1970. 5.10.
23. 레위기 · 민수기 · 신명기 주석 (초판), 1971. 5.10.
24. 잠언 주석 (초판), 1972.12. 7.
25. 욥기 · 전도서 · 아가서 주석 (초판), 1974.12.21.
26. 여호수아기 · 사사기 · 룻기 주석 (초판), 1976. 4.30.
27. 사도행전 주석 (개정판), 1977. 3.31.
28. 사무엘서 · 열왕기 · 역대기 주석 (초판), 1978. 7.15.
29. 에스라 · 느헤미야 · 에스더 주석 (초판), 1979. 9.20.

30. 바울서신 주석 (개정2판), 1985. 8.15.
31. 히브리서 · 공동서신 주석 (개정2판), 1987. 4.20.
- 주석 전질에 포함된 논문 40여 편, 설교 1000여 편

II. 저서

1. 영생의 원천(설교집) 1970. 12. 5.
2. 성경신학 1971. 10. 30.
3. 응답되는 기도(설교집) 1974. 7. 31.
4. 주님을 따르자(설교집) 1975. 9. 25.
5. 헌법주석 1983. 4. 30
6. 웨스트민스터 신앙고백서(편저) 1989. 2. 22.
7. 성경과 나의 생애(자서전) 1992. 10. 1.
8. 개혁주의 교리학 2003. 6. 10.
9. 기도, 죽기내기로 기도하라(설교집) 2011. 5. 2.
10. 부르심, 네 꼴 보고 은혜받겠느냐(설교집) 2011. 8. 5.
11. 고난, 왜 하나님이 나를 때리시는가(설교집) 2011. 11. 4.
12. 거룩함, 세상 뜰 때까지 힘쓰라(설교집) 2011. 12. 23.
13. 교회, 내가 바로서야 교회가 바로선다(설교집) 2011. 12. 30.
14. 내가 새벽을 깨우리로다(새벽기도 설교집) 2012. 4. 20.
15. 다 주께 맡기라(새벽기도 설교집) 2012. 5. 25.
16. 신자되기 원합니다(설교집) 2012. 9. 14.
17. 교회건축(목회서신 신학강의) 2013. 2. 4.
18. 로마서강의(신학강의) 2013. 11. 5.
19. 정암 박윤선의 요한계시록 강해 2014. 11. 11

III. 논문, 성경강해 및 설교 기고

1. 把守軍 (부산 고려신학교 파수꾼사 발행) 200여편
2. 神學指南 (서울 총회신학대학원 신학지남사 발행) 40여편
3. 神學正論 (수원 합동신학교 신학정론사 발행) 11편